構造倫理講座 I

〈東洋〉の倫理

中村 元
Nakamura Hajime

春秋社

〈東洋〉の倫理——構造倫理講座Ⅰ

目次

略号表

Ait. Br.	*Aitareya-Brāhmaṇa.*
AKV.	U. Wogihara, *Sphuṭārthā Abhidharmakośavyākhyā by Yaśomitra,* Tokyo, 1932–1936.
AN.	*Aṅguttara-Nikāya.*
Ay.	*Ayārāṅga-sūtra,* erster Srutaskandha, Text, Analyse und Glossar von Walther Schubring (*AKM,* hrsg. von Deutschen Morgenländischen Gesellschaft, XI Band, Nr. 4, Leipzig, 1910).
Bhag. G.	*Bhagavad-gītā.*
Bodhic.	*Bodhicaryāvatāra.*
Bṛhad. Up.	*Bṛhadāraṇyaka-Upaniṣad.*
Buddhac.	*The Buddhacarita, or Acts of the Buddha,* pt. I, Sanskrit Text, ed. by E.H. Johnston, Panjab University Oriental Publications, No. 31, published for the University of the Panjab, Lahore, Calcutta, 1935.
Chānd. Up.	*Chāndogya-Upaniṣad.*
CuN.	*Culla-Niddesa.*
Dhp.	*Dhamma-pada.*
DhpA.	*Dhammapada-Aṭṭhakathā.*
Divyāv.	*Divyāvadāna*, ed. by E. W. Cowell and R. A. Neil, Cambridge, 1886.
DN.	*Dīgha-Nikāya.*
ERE.	*Encyclopaedia of Religion and Ethics,* ed. by James Hastings, Edinburgh, T. and T.

	Clark, 1908.
Itiv.	*Itivuttaka,* Pali Text Society, London, 1890.
Jātaka	*The Jātaka, together with Its Commentary, being Tales of the Anterior Births of Gotama Buddha,* ed. by V. Fausböll, 7 vols., Pali Text Society, London, 1964.
Kauṣ. Up.	*Kauṣītaki-Upaniṣad.*
Laṅk.	*The Laṅkāvatāra Sūtra,* ed. by Bunyiu Nanjio, Kyoto, 1956.
Manu.	*Manusmṛti.*
MBh.	*Mahābhārata.*
Mhṛ.	*Madhyamakahṛdaya* of Bhavya.
MN.	*Majjhima-Nikāya.*
MPS.	Mahāparinibbāna-suttanta.
Pj.	*Paramattha-jotikā.*
PTS.	Pali Text Society.
ṚV.	*Ṛg-Veda.*
SaddhP.	1. *Saddharmapuṇḍarīka-sūtram*, ed. by U. Wogihara and C. Tsuchida, Tokyo, 1934–1935. 2. *Saddharmapuṇḍarīka*, ed. by H. Kern and B. Nanjio, Bibliotheca Buddhica X, St.-Petersbourg, 1909–1912.
Śatap.	*Śatapañcāśatka-stotra.*
Sat. Br.	*Śatapatha-Brāhmaṇa.*
SBE.	Sacred Books of the East, translated by various Oriental scholars and edited by F. Max Müller, Oxford, Oxford University Press, reprinted by Motilal Banarsidass, Delhi.

Śikṣ. C. Bendall, ed. *Śikṣāsamuccaya : A Compendium of Buddhist Teaching Compiled by Śāntideva Chiefly from Earlier Mahāyānasūtras.* Bibliotheca Buddhica, 1. St.-Petersburg, 1897–1902.

SN. *Saṃyutta-Nikāya.*

Sn. *Sutta-nipāta.*

Spk. *Sārattha-ppakāsinī.*

Sūy. *Sūyagaḍaṅga,* critically edited with the text of Niryukti, by P. L. Vaidya, Poona, 1928.

Sv. *Sumaṅgala-vilāsinī.*

Śvet. Up. *Śvetāśvatara-Upaniṣad.*

Tait. Ār. *Taittirīya-Āraṇyaka.*

Tait. Br. *Taittirīya-Brāhmaṇa.*

Tait. Up. *Taittirīya-Upaniṣad.*

Therag. *Theragāthā.*

Therīg. *Therīgāthā.*

Tj. *Tarkajvālā.*

Ud. *Udāna.*

Udv. *Udānavarga*, herausgegeben von Franz Bernhard, 2 Bände Sanskrit texte aus den Turfanfunden X, Abhandlungen der Akademie der Wissenschaften in Göttingen, Philologisch-Historische Klasse. Dritte Folge, Nr. 54, Göttingen, Vandenhoeck und Ruprecht, 1965.
ただし必要に応じては次のテクストをも参照した。
Udāna-varga. N. P. Chakravarti, *L'Udānavarga Sanskrit*. Texte sanscrit entranscrip-

tion, avec traduction et annotations, suivi d'une étude critique et de planches. Tome Premier (Chapitres I à XXI), Mission Pelliot en Asie Centrale. Série Petit in Octavo, Tome IV, Paris Paul Geuthner, 1930.

Up. *Upaniṣad.*

Utt. *The Uttarādhyayanasūtra*, ed. by J. Charpentier, Uppsala, 1922.

Vinaya *The Vinaya Piṭakaṃ : One of the Principal Buddhist Holy Scriptures in the Pāli Language*, ed. by Hermann Oldenberg, 5 vols., Pali Text Society (Reprint by Luzac & Co. Ltd., London, 1964) .

『ジャータカ全集』 中村元監修『ジャータカ全集』全一〇巻、春秋社、一九八二―一九九一年。

善生経 I 仏陀耶舎・竺仏念訳『長阿含経』（一六）『善生経』（大正蔵、一巻七〇―七二）。

善生経 II 瞿曇僧伽提婆訳『中阿含経』（一三五）『善生経』（大正蔵、一巻六三八―六四二）。

六方礼経 安世高訳『仏説尸迦羅越六方礼経』一巻（大正蔵、一巻二五〇以下）。

他の略号は、インド学者たちが国際的に使用しているものを用いる。

〈東洋〉の倫理——構造倫理講座Ⅰ

序章　慈悲

人類がこの世に現れ出てから今日に至るまで何百万年を経過しているのか量り知れないものがあるが、その間に種々の倫理思想が説かれて来た。それらの倫理思想はしばしば体系化された形において「人はいかに生きるべきであるか」ということを教えてくれているが、その内容は必ずしも一致しない。

「善をなせ。悪をなしてはならぬ」と常に説かれているが、何が善であり、何が悪であるか、ということについては、所説が常に一致しているわけではない。善・悪の基準は、時代により、また国によって異なり、必ずしも一定していない。また諸宗教の説くところも異なっている。

こういう事実を見ると、われわれはまったくよりどころをもたぬように思われるかもしれないが、しかし方向づけは一定している。

いかなる時代、いかなる国においても、他人を益するはたらきは〈善〉と見なされ、これに反して他人を害するはたらきは〈悪〉と見なされている。

＊

それは、純粋なすがたでは〈慈悲〉と呼ばれるものである。〈慈〉は「いつくしみ」、〈悲〉は「あわれみ」と解せられ、そのように読まれているが、本質的には同じものである。

ある場合には、〈慈〉とは他人に楽しみを与えることであり、〈悲〉とは他人の苦しみを除き去ることであると解釈されている。

「大いなる慈《いつく》しみとは、すべての生きとし生けるものに楽しみを与えることであり、大いなる悲《あわ》れみとは、すべての生きとし生けるものの苦しみを抜くことである。大いなる慈しみは善・楽の原因を生きとし生けるものどもに与え、大いなる悲れみは苦しみを離れる原因をかれらに与えるのである(1)」

セイロンなどに伝えられた南方仏教においても同様の解釈を伝えている。

「慈しみとは、生きとし生けるものに利益を与えようとする心を起こすのを、その慈しみの特相とする。実際に生きとし生けるものに利益をもたらすことを、その作用とする。悩まし害することを抑えることを、その状態とする。生きとし生けるものは愛すべきものであると見ることを、その直接原因とする。怒りの心がやんで起こらないことを、その完成とする。愛着心の発生を、その破壊とする。

悲れみとは、生きとし生けるものの苦しみを除こうとする心を起こすのを、その悲れみの特相とする。他人が苦しむのを見て堪えられないことを、その作用とする。いかなる悩みも与えないことを、その状態とする。苦しみに打ちのめされ、だれ一人よるべのない人を見ることを、その直接原因とする。憂いの発生を、その破壊とする(2)」

いずれにしても、実質的には変わりがない。

＊

それは他人の幸福をねがう心である。

「いかなる生物生類であっても、怯《おび》えているものでも強剛なものでも、ことごとく、長いものでも、大きなものでも、中くらいのものでも、微細なものでも、粗大なものでも、目に見えるものでも、見えないものでも、遠くに住むものでも、近くに住むものでも、すでに生まれたものでも、これから生まれようとするものでも、一切の生きとし生けるものは、幸せであれ(3)」

一般的に言うならば、

「一切の生きとし生けるものは、幸福であれ、安穏であれ、安楽であれ(4)」

と祈るのである。

＊

慈悲の心は、人間のうちに多かれ少なかれ具現されているものであるが、特に子に対する母の心のうちに顕著に現れている。その心情をもって、万人を、いな一切の生きとし生けるものどもを愛せよ、というのである。

「あたかも、母が己が独り子《ひとりご》を命を賭しても護るように、そのように一切の生きとし生けるものどもに対しても、無量の〔慈しみの〕こころを起こすべし。

また全世界に対して無量の慈しみの意《こころ》を起こすべし。

上に、下に、また横に、障害なく、怨みなく、敵意なき〔慈しみを行なうべし〕。立ちつつも、歩みつつも、坐しつつも、臥しつつも、眠らないでいる限りは、この〔慈しみの〕心づかいをしっかりとたもて。

この世では、この状態を崇高な境地と呼ぶ[5]」

＊

ついに万人を友とするに至る。

「われは万人の友である。万人のなかまである、一切の生きとし生けるものの同情者である。慈しみの心を修めて、つねに無傷害を楽しむ[6]」

世界をもってわが家とするのである。

このひろびろとした心は、修行者のもっている宝である。

「修行者たちよ、『修行者が財宝に富む』というのは、どのようなことであるのか。

ここにある修行者がいて、慈しみをともなう心をもって一方に遍満している。また二方・三方・四方に遍満している。このように、上・下・横、あまねく一切の処・一切の世界に、かれは広大・広博・無量にして怨みなく害することのない慈しみの心をもって遍満している。悲れみをともなう心をもって……喜びをともなう心をもって……平静をともなう心をもって遍満している。修行者たちよ。この量り知れない慈しみ・悲れみ・喜び・平静心の四種の心で遍満しているから、『修行者が財宝に富む』というのである[7]」

＊

維摩は言った、「迷いから妄執がおこり、そこでわたくしの病が生じたのです。一切衆生が病んでいるので、そのゆえにわたくしも病むのです。もしも一切衆生の病が滅びたならば、わたくしの病も滅びるでしょう。なぜかというと、ぼさつは衆生のために生死に入るのです。生死があれば、病もあるはずです。もしも衆生が病を離れることができたならば、ぼさつもまた病がないことになるでしょう。譬えていうならば、ある長者にただ一人の子があったとして、その子が病にかかれば父母もまた病み、もしも子の病がなおったならば、父母の病もまたなおるようなものです。ぼさつもそのようなものです。もろもろの衆生を愛することは、自分の子を愛するようなものです。衆生が病むときは、すなわちぼさつも病み、衆生の病がなおれば、ぼさつの病もまたなおる。また『この病は何によって起こったのであるか?』というならば、ぼさつの病は大悲(偉大なあわれみ)のゆえに起こったのです[8]」。

*

ところで世間には、いろいろな性格の人々がいるから、慈悲の理想の実現は段階的になされねばならない。

「最初の学習段階において、どのようにして慈しみを修めるのであるか。それは、次のように示される。

まず、みずから享受するところの楽しみを思念し、あるいは、仏・求道者(菩薩《ぼさつ》)・教えを聞く者(声聞《しょうもん》)・独りでさとる者(独覚《どっかく》)など、かれらの享受するところの楽しみについての説教を聞いて、『願わくは、生きとし生けるものたちに、このような楽しみを平等に享受させたい』

という思念を起こす。

もしもかれにおいて生来、煩悩が盛んに燃えていて、そのように平等に心をかけることができないならば、生きとし生けるものを親友と中間者（親しくもなく敵でもない者）と敵対者との三種類に分類して、慈しみの心を修めるべきである。

親友を上と中と下の三種類に分類する。中間者は、一種類のみである。敵対者を上と中と下の三種類に分類する。

以上で七種類が成立する。種類別に分類し終えたら、次に、まず上の種類の親友に対して、真実の楽しみを与えようとする確信を起こす。この願いが完成したら、中と下との種類の親友に対しても、順次にこのような確信を修得する。三種類の親友に対して平等の心を修めることが完成したならば、次に中間者と、上と中と下の種類の敵対者に対しても、順次にこのような確信を修得する。くりかえし修行することによって、上の種類の敵対者に対して楽しみを与えようとする願いを起こし、これを上の種類の親友に対するのと同様にする。

このような確信を修得して、もはや退くことがないようになれば、次に慈しみを修める対象を順次に広げて修めていく。すなわち、一村・一地域・一方・一切の世界を思念して、楽しみを与えようとする心がいたるところに遍満する。これが、量りない慈しみの修習の完成である。

悲れみと喜びを修習する方法も、これに準じて知るべきである」[9]

慈悲はあらゆる徳の根源であるということができるであろう。

（1）『大智度論』第二七巻、大正蔵、二五巻二五六中。

（2）*Visuddhimagga*, p. 318.
（3）*Sn*. 146-147.
（4）*Sn*. 145.
（5）*Sn*. 149-151.
（6）*Therag*. 648.
（7）*DN*. III, p. 78.
（8）『維摩経』大正蔵、一四巻五四四中。
（9）『倶舎論』第二九巻三丁。

第一章　親子関係の構造的理解

1　両親の観念

原始仏教徒のいだいた両親の観念を検討してみると、まず第一に、従来のバラモン教の家父長制的な、家父長に対する一方的な絶対服従の観念が排除されている。従来のバラモンの用語であるサンスクリット語においては、父（pitṛ）という語の両数形（「父二人」）で両親の意味を表示したが、原始仏教聖典のうちには、もはやこのような用法は存しない。「両親」ということを表示するためには「母と父」という。

原始仏教徒の用いていた俗語はパーリ語と同様に両数形がなかったであろうから、サンスクリットにおけるような両数形による表現法がなくなったのは当然であるが、母のほうを先に挙げるという表現法は、注目さるべきである。このような表現法はすでに古ウパニシャッド[1]のうちにもあらわれ、原始仏教聖典では一般化し、そののち仏教徒がサンスクリット語を用いるようになっても、「母と父」という表現法は定型化している。
母を先に挙げるというしかたは、あるいはドラヴィダ人などの間における母系家族的な観念があらわれているのではなかろうかと考えられる。ドラヴィダ人のあいだでは、母系制家族が現代に至るまで存続していた。ことに南インド西海岸のマラバル地方の母系家族は有名であった。

ところで、「両親」を表示するのに「母と父」として示すことは、その後のインド仏教を一貫している。そうして後世の仏教においても、父よりまず母を重んじるという特徴が、顕著に認められる（例えば『正法念処経』(2)では四種の恩を教えているが、それは、一には母、二には父、三には如来、四には説法の法師、の恩という順序になっている。「国王の恩」が除外されている！）。

インド人の命名法には、母系制家族の名残りではないかと思われる特徴が認められる。例えば「何某《なにがし》女の子」という命名法が盛んに行なわれている。この事実は、すでにシナ人の注目をひいていた。シナに来た有名な翻訳僧、クマーラジーヴァの弟子である僧肇は、「天竺にては多く母の名をもって子に名づく」という(3)。クマーラジーヴァはインドの仏典にあらわれる個々人の名について、子が母の姓を称する実例を指摘している(4)。

ところで、このような家族観念は、家父長的制度を堅く保持している当時のシナ人には受けいれられなかった。だから漢訳仏典においては、すべて語順を「父と母」に改めている。

（1） e. g. *Kauṣ. Up.* III, 1; *Tait. Up.* I. II, 2. ただし *Bṛhad. Up.* では母よりも父を先に挙げている。
（2） 第六一巻（大正蔵、一七巻三五九中）。
（3） 『注維摩詰経』第二巻（大正蔵、三八巻三四四上）。

（4）同前、第三巻（大正蔵、三八巻三五〇下）。

2　親に対して

初期仏教の成立した社会においては、家長はバラモン教の場合と同様に、依然として父であったが、しかし、父である家長に対する義務あるいは服従を説くというよりは、むしろ「母と父」とに対する尊敬・扶養を説くのである。

ところで父母に対する尊敬・扶養の義務がしばしば説かれているということは、その反面において父母を顧みぬような人々の存在していた事実を物語っているわけである。

「己れは財豊かであるのに、年老いて衰えた母や父を養わない人、――かれを賤しい人であると知れ。

母・父・兄弟・姉妹あるいは義母を打ち、またはことばで罵る人、――かれを賤しい人であると知れ(1)」

「みずからは豊かで楽に暮しているのに、年老いて衰えた母や父を養わない人がいる、――これは破滅への門である(2)」

当時、老齢無力となった父親を四人の子が捨て去った話が伝えられている。

「われはかれら（子ら）の生まれたのを喜び、またかれらの成長も願ったが、いまやかれらは妻らと謀って、犬が豚を追い立てるように、わたしを追い出した。よからぬ悪たれども！　かつてはわれわれを『父よ、父よ』と呼ばわったが、実は子のかたちをした悪鬼だったのだ。
かれらは老いぼれたわたしを捨て去った。
老いぼれて役に立たぬ馬が食物を与えられないように、
この子らの父なる老人は、他人の家に食を乞う。
不従順な子らをもつよりも、われには杖のほうがましだ。
狂暴な牛をも追い払い、また狂暴な犬をも追い払ってくれる。
暗闇ではわが前にあり、深い処では足場を作ってくれる。
杖の力により、ひとはころんでもまた起き上がる(3)」

ある経典(4)によると、もと富んでいた一人の老バラモンが釈尊の前に来て、自分の四人の子が妻らと謀って自分を家から逐い出したということを嘆いて言った。そこで釈尊は右の一連の詩句をその老人に教えた。そこでその老人が、集会堂の中に人々が集まって、子らも坐しているところへ行って右の一連の詩句を唱えた。そうすると子らは自己の非をさとり、老父を家に連れもどし、沐浴させて、おのおの一重ねの衣を着せたという。

だから右の一連の詩句は、かなり古い時代からインド人のあいだで口誦されていたのであろう。あるいは初期の仏教徒がつくったものかもしれないが、とにかく現存パーリ聖典編纂の時代よりは、かなり古い時代に成立していたと考えなければならない。

老齢になって役に立たなくなった老人を遺棄するということは、すでにヴェーダ文献のうちにあらわれているが、初期仏教の時代にも行なわれていたのである。これは、現に日本でも姥捨山の伝説的習俗が示すように、汎世界的な社会現象であった。はなはだしい場合には「妻のことばに従って両親を殺そう」と企んだ男の話も伝えられている。(5)

両親を疎略にする者がいるというのは、なにも現代の日本だけに限られたことではないらしい。孝を重んじたはずの隣国シナにおいても、次のように説いている。(6)

「子は、やがて妻を求めて結婚するようになるが、その時、子は父母を疎遠にして近づかず、妻と私室の内でともに語らい、ともに楽しむばかりとなる。父と母は年をとり、気力は老い衰えてきて、頼りとする者はただ子供夫婦あるのみである」

親が疎んじられるありさまが、生き生きと描写されている。

「何か急用ができて、子供を呼ぶ時、一〇回のうち九回まではそれに応ぜず、むしろかえって親を馬鹿にし、怒り罵って、次のようにいうであろう。

『老いぼれてこの世に残るよりは、早く死んだ方がよろしいですよ』

父母はこれを聞いて胸がふさがり、涙があふれ出て、目の前は真っ暗となる。心は惑い、悲しみ叫んで、次のようにいうであろう。

『ああ、おまえがまだ幼ない時、わたしたちがいなければ育てられなかったではないか。それなのに、いま、成長してくると、このような言葉を吐くとは何たることであろう。ああ、わたしたちは、おまえを産まなかったのとなんら変わるところがない』

もし人の子にして、父母にこのような言葉をいわせるようなことがあれば、その子供は、その瞬間に地獄の世界、餓鬼の世界、あるいは畜生の世界に堕ちるであろう。そのような者は、一切の仏、金剛神、〈五つの神通力〉を具えた聖仙であっても、救い出すことのできない者である。それというのも、まったく、父と母の恩が、天のきわまりないに等しいほど大きいということによるのである」

さらに『父母恩重経』においては、特に母の恩が詳細に述べられている。この経典はインドでつくられたものではなくて、シナで新たにつくられたものであると推定されているが、そこでは、次のように言う。

「母親がわが子を思うこと、世の中のいかなる他のものにも匹敵するものはなく、その母の恩たるや、とうてい形をもって表現できぬものである。

まず、受胎してから一〇カ月間というもの、歩いたり止まったり、坐ったり寝たりといった日常生活の中で、母は苦痛を受け続ける。苦痛は常にやむことがないので、好きな飲物や食物や衣服を得たいという念《おも》いも、または愛欲の念いも生ずることもなく、ただただ無事に出産したいとのみ心に思っている。月日が満ち、いよいよ出産の時となれば、陣痛の苦しみが風のように押し寄せて、身体中の骨や節々がことごとく痛み、汗と油がともに流れて、その苦しみたるや堪えがたいものがある。父親も心身ともに恐れおののき、妻子のことを心配する。親族や手伝いの使用人たちも、みな、すべて心配する。

そうするうちに赤子は生まれ、父母の喜びの限りないことは、たとえてみれば、貧しい女性にとって、思うことのすべてがかなえられる如意宝珠《にょいほうじゅ》を得ることに相当するであろう。赤子が声を発すれば、母は、あたかも自分がこの世に生まれ出たかのように喜ぶ。

それからは、母のふところを寝所とし、母の膝を遊び場とし、母の乳を食物とし、母の愛情を命とする。お腹がすいたといえば母でなければ食事はとらず、喉が渇いたといえば母によって飲ませてもらう。また、寒いといってさらに衣服を着たい時にも、母がいなければ着ることができず、暑いといって着物を脱ぎたい時にも、母の手を借りなければそれすらもできない。母は飢えてお腹がすいている時でも、自分の食物を子に与え、寒さで苦しんでいる時でも、みずから着ている衣服を子供に着せてやる。じつに母なくして子は育たず、成長することはないのである。母はゆりかごを離れている時には、両手で子の不浄物を始末する。そもそも母親からもらって飲む乳の量は、何と一八〇斛《こく》にもなるという。父母の恩の大なることは、天にきわまりがないのに等しいといえよう。

また、もし母が近所に雇われて働きに出かけ、ある時は水汲みをし、ある時は飯たきをし、ある時は臼をついたりひいたりなど、さまざまな仕事をしている最中、まだ家に帰る時ではないのに、『いまや、さぞわが子は家で泣き叫びながら、自分を恋い慕って待っていることであろう』と思うと、母の胸はさわぎ、心は動揺し、二つの乳房からは乳が流れ出て、いてもたってもいられなくなるものである。仕事を終えて家に帰るや、赤子は遠くから母の帰ってくるのを見て、ゆりかごの中にいれば、頭を動かし、そうでなければ腹ばいしながら出てきて、声をはりあげ、母に向って泣く。母は子に向って飛んでゆき、身を曲げて両手を差し出し、子の身体についた塵や土を払ってやる。そして自分の口を子供につけつつ、乳房を出して乳を飲ませる。その時、母は子を見て喜び、子は母を見て喜び、母子二人の気持ちはまったく一つとなる。恩愛のあまねきこと、いったいこれ以上のものが他にあるであろうか。

二歳となり、赤子は母のふところを離れて、自分で歩くようになる。そして、父によって火が身体を焼くことを教えられ、母によって刃物は指を切り落すものであることを知らされる。

三歳となり、赤子は乳を離れ、初めて食物を食べるようになる。そして、父から毒は命を落すものであることを知らされ、母からは薬が病気を治すということを教わる。父母は、他の家に招かれて、美味しく珍しいものを出されると、それを自分で食べてしまうには忍びがたく思い、懐中に入れてもち帰り、子供を呼んでそれを与えるというのが親の常である。すると、子供はおおいに喜び、はしゃいでそれを手にして食べる。このようなことは一〇回のうち九回まではあるとしても、たまたま後の一回にお土産のない時があるなら、子供はだだをこねて泣きじゃくり、父をせめ母にせまる。

次第に成長してくると、子供は友だちと交わるようになり、そのために父は衣服や帯を探し求め、母は髪をくしけずり、もとどりを撫でて、自分のきれいな着物はみな子供に着せ与え、みずからは古くて破れた衣服をつけるものである。

こうして、子供は大きくなっていく」

ところで、日蓮の文章は、いつも人の胸に迫るものがあるが、母の恩についてかれの説くところは、非常に具体的で、また切実である。

「父母の御恩は、今ここに改めて申すべきことではありませんが、母の御恩については、格別、心の底に染《し》みて尊く思います。飛ぶ鳥がわが子を養い、地を走る獣がわが子にせがまれておりますこと、じつに憐れで、目もあてられず、心も消え入りそうに思われます。

それにつけても、母の御恩は忘れがたいものです。胎内に胎児がいる九カ月間の母の苦しみといえば、腹は鼓を張ったように張り、頸は針をさげているようである。呼吸は吐く以外に入ってくることがないようであり、顔色は枯れ草のようで、臥せば腹も裂けるように痛み、坐っても五体は安定しません。このようにして出産が近づけば、腹は破れて切れてしまいそうになり、睡眠はできなくなって、ふらふらして天に昇るかとも思われます。このような敵を生み落したなら、大地にも踏みつけ、腹をも裂いて捨ててしまいたいであろうものを、そうはせずに、自分の苦しみを耐え忍んで、急いで抱きあげて、血を洗い不浄物をすすいで、胸にしっかりと抱きかかえて、三年の間、ねんごろに養います。母乳を飲むこと、一八〇石三升五合です。この母の乳の値段は、たとい一合であっても、三千大千世界ほどの値段に値いするでしょう。

それなのに、親は十人の子供を養っても、子供は一人の母を養うことがないのです。温かな夫を懐いて臥すことはあっても、凍えている母の足を温める女房はおりません」（『刑部左衛門尉女房御返事』）

「子を持って知る親の恩」という諺があるが、道元はこのことわりを懇々と説いている。

「貧しい者も困窮している者も、ひたすら子供を慈しみ育てる。その親心とは、どういうものであろうか。他人はいざ知らず、自分が父となり母となって初めて、まさにその何であるかを知る。

およそ、親たる者は、自分自身の貧しいことや富んでいることなどはかえりみず、ただひとえに自分の子供の成長することを願うものである。みずから寒さを厭わず、みずから暑さを厭わず、ひたすら子供を庇護し、かばう。これを、切々たる親心の至上なものとする。親心を起こす人はだれでも、そのことを知ることができるし、親心を身につけようと努めている人は、まさにそのことが判るのである」(『永平清規』)

ところで『父母恩重経』では〈父の愛〉と〈母の愛〉とを区別して、次のように説いている。

「父には慈しみの恩があり、母には悲《あわ》れみの恩がある。なぜならば、人がこの世に生まれるということは、その人が前世に作った、悪の行為を直接原因とし、父と母を間接原因としているからである。父がいなければ生まれることはなく、母がいなければ成長することはない。すなわち生命を父の胤《たね》から受け、肉体を母の胎に受けるのである」


父と母との相違について、シナの善導大師は、次のように説明している。

「『父母に孝養し』(『観無量寿経』)というのは、これはすべての凡夫が縁によって生まれるということを明らかにしている。いかなる縁によるのか。あるものはみずからの業力《ごうりき》によって生まれる化生《けしょう》であり、あるものは湿ったものから生まれる湿生《しっしょう》であり、あるものは卵殻から生まれる卵生《らんしょう》であり、あるものは母胎から生まれる胎生《たいしょう》である。これらの〈四つの生まれ方〉のおのおのに、また同じ〈四つの生まれ方〉がある。このことは広く経典に説かれている。

すべて、あいよって生まれるものだから、父母がある。父母がある以上、子は父母に対して大恩がある。もし父親がないなら、子を生む因が欠けることになる。もし母親がないなら、子の生まれる縁に背くであろう。もし父母の二人がいなければ、生を母胎に託す場を失うであろう。必ず父母の縁が具わって、初めて身を受けることができる。すでに、身体をこの世に受けるためには、自己の業識《ごっしき》（行為によって報われた心の働き）を直接原因とし、父母の精血を間接原因として、これらの直接と間接の原因が和合するから、この身体があるのである。その意味において父母の恩は重い。

母は母胎に子を宿すこと一〇カ月、その間、母は四六時中、常に苦悩を生じ、出産の時には、死ぬほどの苦痛に悩む。誕生から三年経つまで、子は常に屎尿《しにょう》の中に寝ており、寝具や衣服はみな不浄である。その子が成長するにつれて、妻を愛し、わが子に親しんで、父母に対してはかえって憎しみや嫉みを生じ、恩に報いて孝養を尽さないならば、畜生となんら異なるところがない。父母は世間における福田《ふくでん》（福徳を得る田地）の最たるものであり、仏は出世間における〈福田〉の最たるものである」（『観経疏』）

父母を尊敬せよ、ということはインドでは古くから説かれていることで、ウパニシャッドでは、「母を神として敬え。父を神として敬え」と説き、この句は後代に至るまでインドでは有名である。仏教もそれを受けて詳しく説いているのである。「父母につかえること」(mātā-pitu-upaṭṭhāna) は「最上の幸福」の一つのすがたであると考えられた。(8)

「法〔に従って得た〕財をもって母と父とを養え」(9)

「世に母を敬うこと (matteyyatā) は楽しい。また父を敬うこと (pitteyyatā) は楽しい」(10)

親に対して恭順な子 (assavo putto) は特に称讃されている。(11) 古い詩句には同じく次のようにいう。

「母または父をことわりにしたがって養う人は、(12)

両親に対する奉仕[13]によって、この世では、賢者がかれを称讃し、死後にあっては天にあって楽しむ[14]」

この詩句においては、ただ一般的抽象的に「法によって」というだけで、具体的な行為規定ないし教訓を述べていないが、次の詩ではその内容をかなり詳しく述べている。

「母と父とは梵天（Brahmā 世界創造の神）とも言われ、先師[15]とも言われる。子孫を愛する者であり、また子らの尊敬扶養すべき者である。

だからじつに賢者は、食物と飲料と、衣服と坐床と、塗身と沐浴と洗足とをもって、父母に敬礼し尊敬せよ。

このように父母につかえることによって、この世ではもろもろの賢者がかれを称讃し、また逝かば、かれは天上に楽しむ[16]」

ややのちの経典の文句によると、乞食して両親を養う[17]一人のバラモンが釈尊のところに来て、「わたくしはきまりにしたがって[18]食を求めて、母と父とを養っています。わたくしはこのようにしていますが、なすべきことをしている者でしょうか」と問うたところ、釈尊は「バラモンよ、たしかに、そなたは、このようにして、なすべきことをしているのです。きまりにしたがって、食を求めて母と父とを養うなら、多くの功徳を生じます」と答えたとされている[19]。

なぜ父母に孝順をつくすべきであるか、については、特に親から受けた恩の大きいことを教えている。

聖典のうちのやや後代の部分によると、「子らが母と父とを尊重する家」には「梵天がましまし、先師がましまし、供養されるべき者がましますす。梵天といい、先師といい、供養されるべき者というのも、みな両親のことを意味しているのである」。ところで両親はなぜ尊敬されるべきであるか。それは「母と父とは子らに対し多大のことをなし、育て、養い、この世を見せてくれたからである」という。[20]

また同じく原始仏教聖典のうちの、やや遅れて成立した部分によると、「善人」は「恩を知り恩に感ずる者」でなければならぬという一般論を説いたあとで、父母に対する報恩を強調している。

「修行僧らよ、われは二人に対しては充分に報恩をなすことができないと説く。その二人とは誰であるか。母と父とである。百歳の寿あり百歳の間生きて、一つの肩で母をにない、他の一つの肩で父をになうとせよ。またかれは母と父を塗身・按摩・沐浴・揉療治によって看護し、母と父は肩の上で放尿・脱糞するとせよ。しかもなお、母と父とにつかえ恩に報いたのではない。また、母と父とを七つの宝に富むこの大地の支配権・王位につかしめても、それでもなお母と父とにつかえ恩に報いたのではない。それはなぜであるか。母と父は、多くの方法で子らを保護し養育しこの世の中を見せ示してくれたからである」

やや羅列的であるが、『父母恩重経』には次のように説く。

「父母の恩徳をまとめていえば、次の一〇種に分けられよう。

(1)　懐胎守護《かいたいしゅご》の恩（懐妊すれば、母はお腹の子を思うあまり、常に心にかけて守護するという恩）

(2)　臨産受苦《りんさんじゅく》の恩（母は子を産む時、生死の境をさまようほどに苦しむという恩）
(3)　生死忘憂《しょうじもうう》の恩（産み終わって子の顔を見れば、これまでの苦しみをすべて忘れて、喜ばれるという恩）
(4)　乳哺養育《にゅうほよういく》の恩（養育に骨を折られること並大抵ではないという恩）
(5)　廻乾就湿《かいかんじゅしつ》の恩（子を思うがゆえに、母は汚れたところに寝て、乾いたところへ子を寝かせるという恩）
(6)　洗灌不浄《せんかんふじょう》の恩（子の不浄物を汚いものとせずに、洗い浄めるという恩）
(7)　嚥苦吐甘《えんくとかん》の恩（母はみずから不味《まず》いものを食べ、子には美味しいものを与えるという恩）
(8)　為造悪業《いぞうあくごう》の恩（親は子のためには地獄に堕ちることもあえて行ない、子の安らかであるようにと念ずるという恩）
(9)　遠行憶念《おんぎょうおくねん》の恩（子が親を離れて遠くにいる時には、親は寝ても覚めても子の身の上を思って忘れないという恩）
(10)　究竟憐愍《くきょうれんみん》の恩（自分が生きているあいだはもちろんのこと、死んだ後にもあの世から、親は子のことを思って常に慈しみをたれるという恩）

みなの者よ、このように父母の恩の広大なことは、他にたとえようがないのである」

しからば、父母に対する真実の報恩とは何か？　それは父母を仏教の信仰に入らしめることである。

「修行僧らよ。信仰なき母と父とを勧めて信仰をおこさしめ、信仰に入らしめ、信仰に安住させ、ものおしみする母と父とを勧めてほどこしをさせ、ほどこしに入らしめ、ほどこしに安住させ、悪しき智慧ある母と父とを勧めて智慧をおこさせ、智慧に入らせ、智慧に安住させる。実にこれによってこそ母と父とにつかえ、恩に報い、それにも増したことをしたのである[21]」

そこで報恩の意義を強調している。

「されば正しい立派な人[22]は、恩を感じて（katañ̃u）恩を知り（katavedin）、むかしの恩を想い起して母と父を扶養する。

むかし恩を受けたとおりに、かれら（父母）に対して義務をはたす。

教えを守り、扶養して家系[23]を断たず、信仰あり、戒めをたもつ子は称讃されるべきである[24]」

原始仏教では、このように抽象的に説かれていたが、シナ仏教では具体的に述べられている。

『父母恩重経』は言う。

「ここに集《つど》えるみなの者よ、よく聞くがよい。親の恩に報いるということについては、在家の場合も出家の場合も違いはない。外出して美味しい菓子や果物を手に入れたならば、もち帰って父母に差し上げなさい。父母はそれを得ておおいに歓喜し、みずから食べるに忍びず、まず、仏・法・僧の三宝に施すであろうし、それによって、さとりを求める心を発《おこ》すこととなろう。

また、父母が病気にかかったならば、枕元を離れずに、親しく自分の手で看護しなさい。それを他人にゆだねるようなことがあってはならない。適当に時間を計って便のようすをうかがい、また、心をこめて食事の用意をしなさい。親は子の勧めに勇気づけられてご飯を食べ、子は親が食事を摂るのを見てまた意を強くするのである。親が睡眠する時には気持ちを静めてその寝息を聞き、眠りから覚めたなら、医者に相談して薬を差し上げなさい。昼となく夜となく、仏・法・僧の三宝を敬い、親の病気のいえんことを願って、常に恩に報いる心を忘れるようなことがあってはならない」

両親に対して守るべき徳目が、のちに『シンガーラへの教え』の中では散文で項目的に次のように表明されている。すなわち子は父母に対して次のような心がまえをもって奉仕すべきである。「(1) われは両親に養われたから、かれらを養おう。(2) かれらのためになすべきことをしよう。(3) 家系を存続しよう。[25] (4) 財産相続をしよう。[26] (5) そうしてまた祖霊 (peta) に対して適当な時々に供物を捧げよう[27]」

ここでは単に一般的な道徳上の命令としてではなく、子の「決心」として、子の自然な気持ちの発露としてさらりと述べられていることは面白い。

(1)「両親を養おう」とは、解説者ブッダゴーサによると、「わたくしはいま年老いた両親を洗足・沐浴・粥や食物を与えて養おう」と決心することである。[28]

(2)「かれらのためになすべきことをしよう」とは、「わたくしは自分の仕事を措いてでも、王の家などに行って、必要となった仕事を父母のためになすことにしよう」と決心することである。

(3)「家系を存続しよう」ということについては、「両親の財産である田畑・屋敷・黄金などを滅ぼさないで守る人も、また家系を存続するのである。両親〔のいずれか〕を法をまもらぬ家から連れて来て、正統な家に落ちつかせ、家柄によって与えられた配給券による食物などを絶えず給する人もまた家柄を存続するのである。このことをも含めて言ったのである」という。

（4）「財産相続をしよう」ということをブッダゴーサは次のように説明する。[29]「両親は自分の教訓に従わず行ないの悪い子息らに断乎たる処置をとって、子なきこととする（＝勘当する）。――『かれらは相続するにふさわしくない』と考えて。しかし教訓に従う子らを家の財産の主人とする。〔だから〕『わたくしはそのように行ないましょう』という趣意で、『財産相続をしよう』と言ったのである」

当時は親が行跡の悪い子を勘当することも行なわれていたらしい。だから順調に家督相続をなし得るように、子はつとめなければならない。家が経済活動の単位であった時代には、この要請のなされたのは当然のことであった。

当時は相続人（dāyāda）が財産を受けつぐのであった。[30]もしも子がない場合には、死者の財産は国王のもとに没収されるのが通例であった。したがって当時の人々は家（kula）の断絶を欲しなかった。[31]子は「家系が永くつづいて、財産を相続するよう」につとめなければならない。[32]巨大な財産を取得した家でも、後世までつづく場合とつづかない場合とがある。「失われたものを探索せず、古くなったものを修繕せず、飲食に節制なく、性質の悪い女または男が支配人となっている家」は永くつづかない。これに反して「失ったものを探索し、古くなったものを修繕し、飲食に節制あり、戒しめをたもつ女または男が支配人となっている家」はいつまでも永くつづく、[33]という。

（5）「供物を捧げる」とは、「かれらに功徳の廻向を捧げて、三日間など、〔祖霊に〕供物をそなえることである」[34]という。インドのバラモン教では毎月新月の日に祖霊祭（srāddha）を行なうことになっていて、その規定が法典類には詳しく述べられている。[35] ところで「三日間など」行なうという意味はよく解らないが、バラモン教の法典によると、一月の黒分（月がかけて行く半カ月）の第一三日に祖霊に関する儀式を行なうことが規定されているので、[36] その第一三日から新月にかけて、と考えていたのであろうか？　そうして子は祖先に供物を捧げることによって祖先を地獄からさえも救うことができると考えられていた。[37] ともかく祖先祭は諸国で行なわれて来た儀礼であった。われわれは祖先の恩恵を受けているのであるから、祖先に感謝の誠をいたすのは当然である。祖先崇拝の習俗は、日本では仏教と結びついて盛んに行なわれているが、仏教における起源をわれわれはここに見出すのである。

ともかく、当時の人々には家を存続するという意識があったから、そこで前掲の文句のように「財産相続をしよう」とか「祖霊に供物を捧げよう」とかいう教えが成立したのである。

ところで、『六方礼教』には、子のつとめが非常に具体的に述べられている。

「子が父母に事《つか》うるには、まさに五つの事あるべし。
一には、まさに治生（＝生業）を念ずべし。
二には、早く起きて奴婢を勅令し、時に飯食を作る。
三には、父母の憂を益《ま》さず。
四には、まさに父母の恩を念ずべし。
五には、父母の疾病にはまさに恐懼して医師を求めてこれを治すべし」[38]

そうじて後漢代に訳された多くの経典がそうであるように、ここにはシナの翻訳者の手が相当に加わっているように思われる。後漢代における儒教の〈孝〉の倫理の影響と、最初に仏教を受け入れたシナの上層階級の社会的立場を良く看取することができる。

『善生経』Ⅰにはパーリ原文や『六方礼経』と異なるが、やはりシナ人の孝の倫理に相当するものが説かれている。

「それ人の子たるものは、まさに五事をもって父母に敬順すべし。いかんが五となす。
一には、供奉して乏しきことなからしむ。
二には、およそなすところあらば、先に父母にもうす。
三には、父母のなすところに恭順にして逆わず。
四には、父母の正令（＝命令）に敢えて違背せず。
五には、父母のなすところの正業（＝生業）を断ぜず[39]」

『善生経』Ⅱにもほぼ同様のことが説かれている。

「子はまさに五事をもって父母に奉敬し供養すべし。いかんが五となす。
一には、〔父母より受けし〕財物を増益す。
二には、衆事を備え弁ず。
三には、〔父母の〕欲するところはすなわち奉る。
四には、〔父母を〕自ら恣《ほしいまま》ならしめて、〔父母に〕違わず。
五には、所有の私物を尽く〔父母に〕奉上す[40]」

これらの文章も恐らく儒学思想にもとづいて漢訳者たちが加筆したのではないかと考えられる。

ここで、注目すべきこととしては、インドにおいては、シナにおけるように親に対する孝の道徳が特に絶対視されているのではなくて、他の徳と併称されている。ある場合には「母と父と長兄(41)と師(42)とを尊敬すべし」という(43)。またこの趣意を詳しく説いていることもある。「長兄(44)は父に等しい」ということが叙事詩にも説かれているから、当時インド一般の通習であったのであろう(45)。しかし仏典のうちにはあまり出て来ない。むしろ「母と父と如来正覚者（単数）あるいはかれの弟子(46)に対して邪まな行ないをなすならば、このような人は多くの禍を生じる(47)」。「この世においては、人々はかれをそしり、また死後には悪しきところに赴く(48)」。これに反してかれらに対して正しい（sammā）態度をとる人は、多くの福(49)を生じ、「この世において人々がかれを称讃し、死後には天界で楽しむ」と説いている(50)。また他の場合には、「母と父を養う人、家では家長につかえる人(51)……かれを〈立派な人(52)〉と称する」ともいう(53)。また父母に対するつとめが、他の抽象的な徳と併記されていることがある。

「施与と不傷害(54)と自制(55)と克己(56)と父母に仕えることとが(57)、善き人(58)によって見出された(59)」施与、不傷害、自制、克己というような徳はウパニシャッドの中にしばしば説かれていることであり、時には一まとめに述べられていることもあるが(60)、仏教はそれをそのまま受けるとともに、その上に「父母に仕えること」を付加したのだから、この点では「父母に仕えること」を特に重視していたことがわかる。

以上のもろもろの詩句からも明らかなように、恐らく母と父とに対するこのような義務は、父母に対する尊敬と報恩の念から出ているのであろう。また、父母に対する報恩と宗教者に対する尊敬とが同列に説かれているということは、宗教者の権威の確立していた時代のことであったからであろう。

ところで仏教が発展するとともに、父母に対する真実の報恩とは、両親に信仰心を起させることであると考えるようになった。

「おまえたち、みなの者よ、よく聞くがよい。父母のために努力して、たとい最高の美味しい食物や飲物、美しい音楽、きれいな衣服、素晴らしい乗物、宮殿のような家などを用意し供養して、一生不自由のない生活をさせたとしても、仏・法・僧の三宝に対する信心を父母に起こさせることができないでいるならば、まだまだ孝を尽したとはいえない。

たとい親愛の情をもって布施をなし、威儀を整え身を正し、心を柔和にたもち、恥辱に耐え、勉学して徳を積み、心を静かに落ち着かせ、そして学問に志して努力している者であっても、ひとたび酒や色欲に溺れるならば、妖しげに魅惑する悪魔などがたちまちすきをついて寄ってきて、財産を惜しげもなくはたかせ、情をとろかし、怒りを起こさせ、心を乱し、智慧をくらまし、その人の行ないをして鳥や獣のそれと変わらないものにしてしまう。みなの者よ、古《いにしえ》よりいまに及ぶまで、このことによって身を亡ぼし、家を滅ぼし、主人を危機に落し、親を辱しめなかった者はいない。そこで、出家して修行生活に入る者は独身をたもち、その志を清潔にたもち、もっぱら道をきわめるべく努力すべきである」（『父母恩重経』）

この傾向がさらに強調されると、物質的に父母の身のまわりの世話をするよりも、父母を捨てて出家するほうが真実の報恩であるという思想が成立した。道元はこの点で徹底している。

「老いた母を一人残して、出家することの是非を決心することは、むずかしいことである。しかし、それは他人が思案して解決できることではない。ただ自分でよく考えて、仏道に入ろうとする心が起こった時、まずさまざまな準備をし、方法を考え、かつ、また母が安心して生活できる用意をしてから仏道に入るならば、母のためにも仏道に入る自分のためにも、両者ともによいことになる。

もしこの世俗の生活を捨てて仏道に入ったならば、たとい、老いた母が餓死したとしても、一人息子の自分を許して仏道に入れてくれた功徳が母にあるのであり、その功徳が一人息子にとってさとりを得る善き縁とならないことがどうしてあろうか」（『正法眼蔵随聞記』）

「棄恩入無為、真実報恩者」という思想であった。こういう思想は、東洋でも西洋でも中世においては顕著であり、近代ではあまり説かれなくなった。

『梵網経』では次のように説く。

「父母あるいは師の僧、あるいは三宝によく仕え、究極の教えをよりどころとして、よく仕えよ。よく仕えること（孝）が戒であり、また悪をみずからなさないこと（制止）と呼ばれる」

（1）*Sn*. 124, 125.
（2）*Sn*. 98.
（3）SN. I, p. 176G.
（4）SN. Ⅶ, p. 4.
（5）*Jātaka*, No. 522, vol. V, p. 126.
（6）『父母恩重経』。以下の引用は、東京大学仏教青年会編『現代人のための仏教聖典』による。

(7) *Tait. Up.* I, 11, 2.
(8) *Sn.* 262.
(9) *Sn.* 404.
(10) *Dhp.* 332.
(11) *SN.* I, p. 6 G.
(12) dhamma.
(13) paricariya.
(14) *SN.* I, p. 182G.
(15) pubbācariya.
(16) *AN.* I, p. 132G.; II, p. 70G.; *Itiv.* 160G.
(17) mātuposaka.
(18) dhammena.
(19) *SN.* I, pp. 181-182G.
(20) *AN.* I, p. 132 ; II, p. 70 ; *Itiv.* 106G., p. 110.
(21) *AN.* I, pp. 61-62.
(22) sappurisa.
(23) kulavaṃsa.
(24) *AN.* III, pp. 43-44G.
(25) Kulavaṃsa.
(26) dāyajja.
(27) *DN.* III, p. 189.
(28) *Sv.* p. 952.

（29）*Sv*. p. 953.

（30）Sāvatthi 市の長者（setthi gahapati）が死んだときに、子がなかったので、その財産は王宮（rā-jantepura）に没収された（*SN*. I, pp. 89f.; 91f. 散文）。

（31）*Itiv*. 74G.

（32）AN. III, p. 43.

（33）AN. II, p. 249.

（34）この句はなおスートラ文献と対比して研究する必要がある。tesaṃ patti-dānaṃ katvā tatiya-divas' ādito paṭṭhāya dānaṃ anupadassāmi. 祖先の祭をなすべきことについては『マヌ法典』六・三七参照。

（35）*Manu*. III, 122-286.

（36）cf. *Manu*. III, 273-276.

（37）*Manu*. IX, 137-140.

（38）『善生経』Ⅰには、「すべてなすところあらば、先に父母にもうす」。「父母のなすところに恭順にして逆わず」。「父母の正令に敢えて違背せず」。また『善生経』Ⅱには、「自ら恣ならしめて、違わず」。「有するところの私物をことごとく奉上す」。『善生子経』には、「ただ父母を歓ばす」などという文があるが、パーリ文にははっきり出ていない。

（39）『善生経』Ⅰ（大正蔵、一巻七一下）。

（40）『中阿含経』第三三巻（一三五）『善生経』（大正蔵、一巻六四一上）。

（41）jeṭṭha bhātar.

（42）ācariya.

（43）SN. I, p. 178G.

（44）bhrātā jyeṣṭhaḥ.

（45）*MBh*. XII, 243, 20. 長子尊敬は『マヌ法典』（九・一〇九）に出ている。

(46) sāvaka.
(47) apuñña.
(48) apāya.
(49) puñña.
(50) AN. II, pp. 4-5 G.
(51) kule jeṭṭhāpacāyin.
(52) sappurisa.
(53) SN. I, p. 228G.
(54) ahiṃsā. 以下にはウパニシャッド的なもろもろの美徳が世俗の倫理に適用されていることに注意せよ。
(55) saṃyama.
(56) dama.
(57) upaṭṭhāna.
(58) sat.
(59) AN. I, p. 151G.
(60) atha yat tapo dānam ārjavam ahiṃsā satya-vacanam iti, tā asya dakṣiṇāḥ（*Chānd. Up.* III, 17, 4).

3　子に対して

前に検討したように親に対するつとめを強調したことは、決して子どもに対する親の義務を認めないというわけではなかった。子どもの教育および指導についての親の一般的義務としては次のように教えている。両親[1]は次の五つのしかたで子どもを愛する（anukampanti[2]）〔これの漢訳である『善生経』Iによると、父母は子に対して「敬親[3]」するのである。――子が親を敬うのではない！」。

すなわち「(1)悪から遠ざけ、(2)善に入らしめ、(3)技能を習学させ[4]、(4)適当な妻を迎え、(5)適当な時期に相続をさせる[5]」。

(1)「悪から遠ざける」とは、註解者ブッダゴーサによると、「殺生などは現世および来世の過ちとなることを語って、『お前は、このようなことをするな』といって制する。もしもしたならば、叱ってやる[6]」。罪悪からわが子女をかばいたいという気持ちは昔でも同じであったことが知られる。

(2)「善に入らしめる」とは、「孤独な者に給した長者のように、自分の得たものを〔他人に〕与えて、戒を受けて実行させるようにする」。ここではかつてのサーヴァッティー市のスダッタ長者が孤独な人々に施与を行なった善行が言及称讃されているのである。

(3)「技能を習学させる」とは、「子が自分（=親）の教えに従っていることを知ったならば、家に伝わった印算（計算）などの技能を習わせる」。当時の仏教徒には商人が多かった。だから印算などの学問を親から子に伝えていたのである。特別な技術を教えこむということは、いわば一生の恒産である。

日本ではひと昔前までは子女に財産を残し、お嫁入りには持参金などを与えるという傾向があった。ところがこの頃は子女に高い教育や技能を授けることに重きをおき、財産をそれほど重んじなくなっている。最近代のインドにもちょうどそれと同じ傾向があり、その傾向のために女子教育も急激に発展しつつある。この傾向と相通ずるものがあると言えるであろう。

（4）「適当な（似合いの）[7]妻」とは、「家柄・行状・容姿に関して似合った」という意味であるという。似合いの夫婦ということは理想である。理想的な嫁の観念は、ひと昔前までのヨーロッパ及び日本の場合と大して異なっていない。

ところで子のために適当な妻を迎えるということは、一つの家族が定住した生活を営み、家産が相続されるような社会においてのみ可能であったであろう。子が親から背いて開拓者として辺境に行ってしまうような、新興発展途上の社会においては、こういう配慮は起らないであろう。定住的な社会の特徴であるがゆえに、南アジア諸国では子女の結婚は親の定めるものであるという慣習がいまなお行なわれている。ところが近代ヨーロッパ社会では、まだ子女の配偶者を親が配慮することもあるが、次第に子女自身が見つけるという傾向が増大している。この傾向はアメリカのほうが一層顕著であると言われている。

では近代機械文明の進展とともに、こういう傾向はやがて絶無となるのであろうか。しかし子女の結婚を親がそれとなく気遣うという傾向は決してなくならない。なるほど親は次第に子の結婚に干渉はしなくなるであろう。しかし子女が恋人や結婚の相手を見出すのは、同じ学校あるいはクラブまたは教会などにおいてなされることが多いので、親たちは子女をよい学校やクラブへ送って良い仲間をえさせようと努め、そのためには莫大な出費をいとわない。こういう事実を考えると、原始仏教の時代から現代の機械文明の時代に至るまで親たちの心がまえは変わらないで、ただそれの具現のしかたが異なって来ているだけなのである。

（5）「適当な時期に相続をさせる」とは、正当な人に財を与えるのである。それについては常時と臨時との二種の時期がある。〈常時に与える〉とは、「さあ、元気を出して、これを取れ。これをお前の費用とせよ。これによって、善いことをせよ」といって与えるのである。〈臨時に与える〉とは、学習・建築・婚礼などの時に与えるのである。さらにまた最後の時に、臨終の床にある人が「これによって善いことをせよ」といって与えるのもまた適当な時に与えるのである。最後の立言は臨終の遺言による寄付のようなことを意味しているのであろうか。

子を儲けて家督を相続させ、祖先の祭りを行なわせるということは、バラモン教においては非常に重要視されたことであった。それがここに継承されているのである。(8)

なおブッダゴーサは言及していないが、古代インドでは家長は、子が成人したならば家長の地位を子にゆずって森に隠棲するということが行なわれた。森に入って「林住者」（vānaprasth-a）となるのである。この習俗はバラモン教の諸法典に規定されている。日本にも隠居の習俗がある。西洋ではこれに相当する話はないが、しかし「引退」ということがある。適当な時期に家督をゆずり、あるいは引退するということは非常に難しいことであるが、また重要なことである。

母は威厳あるものとしてではなくて、むしろ親しいもの、「友」(9)と考えられていた。

「旅人にとっての友は、何であるか？　わが家《や》における友は、何であるか？　事が起ったときの友は、何であるか？　来世における友は、何であるか？」

という天神の問に対して、釈尊は、

「旅人の友は、隊商の仲間である。わが家における友は、母である。事が起こったときに、いく度も友となる者は、朋友[10]である。来世における友は、自分のつくった功徳である」と答えたという[11]。

親はさらに子に対して、社会人としてのつとめをも守らなければならない。

「(1) 施与[12]（布施）と、
(2) 親愛なることばを語ること（愛語[13]）と、
(3) この世でひとのためにつくすこと（利行[14]）と、
(4) あれこれの事柄について適当に協同すること（同事[15]）、
これらが世の中における包容（愛護[16]）である。あたかも回転する車輪の轄《くさび》のごとくである」

〈愛護〉とは人々を包容することである。父母も子らに対してこれを行なわねばならない。

「もしも右の四つの愛護を行なわないならば、
母も父も、母たり父たるがゆえに子から受けるべき尊敬[17]も扶養[18]も得られないであろう。
もろもろの賢者はこれらの愛護をよく観察するがゆえに、
かれらは偉大となり、称讃を博するにいたるのである[19]」

と説く。この場合には、子の両親に対する義務を説いていない。ここに挙げた四つの徳目は、のちの仏教では一般に〈四つの包容の態度〉（四摂事《ししょうじ》）などと呼ばれ、社会人としての活動に不可欠な最も根本的な徳と考えられているのであるが、この社会人一般としての徳を子らに対して守れと説いていることは注目すべきである。一般に父権的な家族制度においては、親、ことに父親の権利が強大であって、子どもを私有物のようにみなして遇するかたむきがあったが、原始仏教はこれに反対して、子どもらに社会人としての意義をも認めて遇すべきことを教えているのである。

ただこういう思想は、ある点ではシナ儒教の孝道の思想とは矛盾するものであった。だから後漢代に訳された『六方礼経』や西晋代に訳された『善生子経』には訳出されていない。『善生経』I IIには訳出されている。恐らく仏教的観念の普及とともに文字どおりの訳出も可能となったのであろう。

仏教がシナ人のあいだにひろまるためには、シナ人のあいだの伝統的な孝の道徳と結びつかねばならなかった。パーリ語の原始聖典『イティヴッタカ』の中には主として出世間の道徳のみを説いているが、それに対応する漢訳の『本事経』のうちには世間的な道徳が説かれている。そうして特に親に対する子のつとめが詳しく説かれていて、反対に子に対する親のつとめは説かれていない。比較的に直訳するのを常とした玄奘の訳であるから、かれが恣意的に付加したのではなくて[20]、それを伝えた説一切有部の原本にそのように説かれていたのであろう。親に対するつとめについては、パーリ語の原始仏教聖典のうちに説かれているものと大して変わりないが、親を仏教に帰依させることが真の孝であると説いていることは注目すべきである。

「もしも父母にして先に信・戒・聞（＝学問）・捨（＝施与）・慧（智慧）なくば、子はそれをして修習せしむるを、真実の報恩と名づく[21]」

こういう思想を手がかりにして、仏教は孝道と矛盾しないものとして自己を主張するようになったのである。

子に対する親の愛は絶対的である。親は子を亡《うしな》ったときに哭き悲しむが、それは無用である。(22)亡った児を嘆き悲しむなかれ。(23)死者を哭して悲泣することは死者の利（attha）とはならぬ。ゆえに智者にして学識のある人の教えにたよるべきであると教えている。(24)

しかし人間は「嘆き悲しむなかれ」といわれても、やはり嘆き悲しむのが人情である。癒しがたい傷心は仏の慈悲によるのでなければ救われないであろう。そこで後代の仏教では、特に仏の慈悲による救いを説くに至ったのである。

（1）mātāpitaro.
（2）*DN*. III, p. 192G. = *AN*. II, p. 32G.
（3）宋元明三本には「敬視」とある。
（4）『善生経』Ⅰでは代わりに「慈愛は骨に入り髄に徹す」とある。また『善生経』Ⅱでは（1）（2）（3）のところに「児子を愛念す」「供給して乏しきことなからしむ」「子をして負債あらざらしむ」とあり、『六方礼経』には「まさに教えて経戒を持たしむべし」という項がある。『善生子経』では（1）（2）のところに「基となる業を興し造り、ために利する事を謀る」とある。『善生子経』では親子それぞれのみちを説いたあとで、「古聖の制したる法を得たるものにして、子は必ず孝となり、父母は慈愛にして、士大夫は益を望み、善法は衰えず」という（大正蔵、一巻二五四上）。ここにシナ人の伝統的な孝の倫理が頭を出しているのである。
（5）*DN*. III, 189.
（6）*Sv*. p. 953.
（7）patirūpa.
（8）*Ait*. *Br*. VII, 13.

（9）mitta.
（10）sahāya.
（11）*SN*. I, p. 37G.
（12）dāna.
（13）peyyavajja.
（14）atthacariyā.
（15）samānattatā dhammesu tattha tattha yathārahaṃ.
（16）saṃgaha.
（17）māna.
（18）pūjā.
（19）*DN*. III, p. 192G. = *AN*. II, p. 32G.
（20）『本事経』は有部に属するものであった（『壺月全集』上巻四三〇ページ上）。
（21）『本事経』第四巻（大正蔵、一七巻六八三上―中）。
（22）*Therīg*. 52.
（23）*Therīg*. 127-132；133-138.
（24）*Therag*. 556.

第二章　男と女の倫理

人間は生まれ落ちた瞬間から、男であるか、女であるか、どちらかである。男としてどのように生きるか？　女としてどのように生きるか？　また異性に対する関係は、いかにあるべきか？　――これは人間にとっては本質的な問題なのである。

そこで、性の倫理について考えてみよう。

一　性の倫理と結婚生活

1　愛

原始仏教においては、男女の性的関係を離れた出家修行者の生活にいっそう高い理想的意義を認めていた。しかし出家修行者とはなれない人々が実際にいたので、その人々のためには世俗的な正しい性の倫理と思われるものを説いている。

「ものごとの解った人は淫行を回避せよ、燃えさかる炭火の坑《あな》を回避するように。もし不淫を修することができなければ、〔少なくとも〕他人の妻を犯してはならぬ(1)」

そこで世俗的な性の倫理が展開されるのである。

人間結合の最も根源的な形態として男女の結合が考えられるが、この問題について原始仏教はまことに鋭い反省をのべている。

「婦女の求めるところは男性であり、心を向けるところは装飾品・化粧品であり、よりどころは子どもであり、執着するところは夫を独占することであり、究極の目標は支配権である(2)」

まさに昔もいまも変わらぬ真理といってよいであろう。この立言はいまの世の中でもそのまま適合するであろう。

ことに「究極の目標は支配権である」というのは、言い得て名言であろう。

婦人に対する意地悪い見方は、おそらく後代に成り立った次の伝説(3)に現われている。

ある聖者(阿羅漢)が天眼をもって世界を見とおして、「女人の地獄の中に堕する者、はなはだ多し!」と知った。

なぜ女人に多いのか? と、仏にたずねたところが、仏は次のように説明したという。

一、珍しき宝物や衣服を貪り、多くを得んと欲す。

二、〔女人は〕相ともに嫉妬す。

三、口舌《くぜつ》を多くなす。
四、（おのが）姿態を作り、淫すること多し。(4)
この四つの理由のゆえに、女人は「地獄の中に堕すること多きのみ」と。

愛の典型的なものは、恋し合っている男女の愛情である、と一般に考えられている。熱烈に愛し合っている男女のあいだでは、全面的な自己帰投が行なわれ、それは純粋の愛であると認められている。原始仏教においても、一般世人に対しては恋愛の純粋性を説いていた。

「愛する者の愛する人は誰であろうとも、たといチャンダーラ女（不可触民の女）であろうとも、すべての人は平等である。愛（kāma）に差別なし(5)」

いかなる階級に属する人々にあっても、愛が純粋であれば、それは尊いものである。

こういうことばを、禁欲修行者たちは相互には語らなかった。しかし、かれらの生きている基盤は現実の社会であり、それは男女から構成されていたから、世の人々のためには、どうしてもこういう説きかたをせざるを得なかったのである。

（1）*Sn*. 396.
（2）A.N. III, p.163（漢訳不明）.
（3）『阿含口解十二因縁経』（大正蔵、二五巻五五上―中）。
（4）「いかんが女の心なる。いわく欲法に随順す」（『大日経』第一巻、大正蔵、一八巻二下）。この場合、「欲法」とは愛の欲のことをいうのであろう。
（5）*Jātaka*, VI, p. 421G.

2　結婚生活

そこで世俗的生活としては、結婚生活が承認される。そうして結婚生活以外の、男女関係を乱すことは否認される。

「おのが妻に満足せず、遊女に交わり、他人の妻と交わる。――これは破滅への門である[1]」

「あるいは暴力を用い、あるいは相愛して、親族または友人の妻と交わる人、――かれを賤しい人であると知れ[2]」

欲望に関して誤った行ないをする（邪淫）というのは「他人の女を取る」ことであると解せられた[3]。そうして相当年輩の男が若い女を近づけることは非難されている。

「青春を過ぎた男がティンバル果のように盛り上った乳房のある若い女を誘《ひ》き入れて、かの女についての嫉妬から夜も眠れない、――これは破滅への門である[4]」

ことに遊蕩の生活が戒められている。

「女に溺れ、酒にひたり、賭博に耽り、得るにしたがって得たものを、そのたびごとに失う人がある。

これは破滅への門である[5]」

日本でも遊蕩の生活は俗に「飲む、打つ、買う」として言い慣わされているが、原始仏教の時代でも同じであった。

バラモン教の法典を見ると、性的関係をもつ相手としてはならぬ女性のことがいろいろ規定されているが、[6] 妻以外の女性と関係をもってはならぬという観念はなかった。また同じくバラモン教の法典によると、姦通に対する刑罰はカーストによって異なるが、とくにバラモンの妻が低いカーストの者と通じた場合には、女は公けの場所で犬に食わされ、男は火刑に処せられることも規定されているが、カーストを乱すことが、とくにいけないとされているのである。[7]

ところが仏教では、カーストとは無関係に人間一般の問題として妻以外の婦人との関係を禁ずるに至ったのである。すなわち「他人の妻を犯す」ことは、五戒の一つとして戒められている。[8] それは、性の道徳を正しく実現するためには、最初の基本的な条件であると言わねばならない。

「あるいは暴力を用い、あるいは相愛して、親族または友人の妻と交わる人、――かれを賤しい人であると知れ[9]」

なぜ姦通してはならぬのかというと、次のように説明されている。

「放逸で他人の妻に近づく者は、四つのことがらに遭遇する。すなわち、禍をまねき、臥して楽しからず、第三に非難を受け、第四に地獄に堕ちる。

禍をまねき、悪しきところ（地獄）に堕ち、あいともにおびえた男女の愉楽はすくなく、王は重罰を課する。

それゆえにひとは他人の妻に慣れ近づくな[10]」

また一妻多夫の風習は仏教以前のインドにおいて行なわれていて、叙事詩『マハーバーラタ』の主な筋書の中に現われるが、仏教徒はそれはあるべき家庭の姿ではないと考えていた。

すなわち仏伝によると、釈尊がいまだ生まれないときに、トゥシタ天にあって、これからどの王家に生まれようか、と考えあぐんでいたときのありさまを述べていう、[11]――

「あるいは天ありて言う、――『パーンダヴァ王は〈象の城〉(Hastināpura)に在り、〔政〕事に勤めて勇健にして、支体(=からだ)円満なり。〔偉〕人の相を具足して、よく怨敵を制す。かしこに生まれたもうべし』と。また説いて言えるあり、――『菩薩(=釈尊)はかしこに生まれたまわず。何をもってのゆえに。その〔国〕王は閹官の人にして、室家(=家庭)壊乱す。王〔五人の〕男ありといえども、みな、その胤《たね》に非《あら》ず、よろしくかしこに生まれたまわず』と」

右にいう「五人の男」について、サンスクリット文によると、英雄ユディシティラはダルマ神の子であり、ビーマセーナはヴァーユ(風神)の子であり、アルジュナはインドラ神の子であり、ナクラとサハデーヴァとはアシヴィン双神の子らであるから、実の血筋を受けた男子たちではないというのである。[12]

そうして家庭の乱れている〈象の都〉の王家は釈尊の生まれるに適したところではないというので、ネパールのルンビニー園で生まれたという筋になっているのである。

次に、結婚生活の事実に関する記述を検討してみよう。

当時、妻を娶ることを「連れて来る」(ā√nī)と呼んでいた。[13] 一般には媒酌結婚が行なわれていて、父が娘を他の家のある男に「与える」[14]のであった。それには結婚の媒介者(varaka)が参与していた。[15] 当時は売買婚も行なわれていたらしい。[16] 夫のことを「財をもって購いし者」(dhanena kīto)と呼んでいる。[17]

いかなる結婚のしかたを理想とすべきかについては、原始仏教聖典のうちには別に規定されていない。ただ「もろもろの妻のうちでは童女が最もすぐれている[18]」というから、処女が尊ばれていたことが知られる。

当時、結婚は純然たる私事であり、なんらかの公的機関に届け出ることもなければ、また離婚が裁判による判決によらないで行なわれたようである。たとえば、イシダーシー[19]という婦人はウッジェーニー市の富商（seṭṭhi）の娘であったが、サーケータ市の富商のもとに嫁にやられ、貞淑に仕えたが、夫の気に入らなかった。

「かれ（夫）は〔かれの〕母と父とに告げていった。

『許して下さい。わたくしは出て行きたいのです。わたくしはイシダーシーと同じ家の中で一緒に住みたくないのです[20]』

『息子よ、そんなことを言いなさるな。イシダーシーは賢くて、はきはきしている。早起きで、怠けたりしません。息子よ、何がお前の気に入らないのです？』

『かの女は何もわたくしを害したりしません。しかしわたくしはイシダーシーと共に住みたくないのです。ただ嫌いな女はわたくしには用がないのです。許して下さい。わたくしは出て行きたいのです』

かれのことばを聞いて姑と舅とはわたくしに尋ねた、

『お前はどんなことをしでかしたのだい。——打ち明けてありのままに言いなさい』

『わたくしは何も悪いことはしませんでした。〔夫を〕害《そこな》ったこともありませんし、〔夫の欠点を〕数えたこともありません。夫がわたくしを憎んで発するような悪いことばを、どうしてわたくしが口にすることができましょうか？』

憂いまどえるかれら〔両親〕は、その子息の気持ちにしたがって、苦しみに打ちひしがれながら、わたくしを〔わたくしの〕父の家につれもどして、いいました、『われらは、子を護りながら打ちひしがれ、〔人間の〕かたちをした美《うるわ》しい幸福の女神に敗れたのです』と」

かの女はつづいて第二、第三の結婚にも失敗した。かの女の告白はつづけられる。

「そこで〔父は〕次にわたくしを富める第二の家の人に与えました。〔第一の〕富商がわたくしを得て〔支払った〕結納金（身代金）の半分をもって。

わたくしは、かれの家にも一カ月住みましたが、やはりかれもまたわたくしを追い返しました。

――わたくしは婢女のように勤《いそ》しみ仕え、罪もなく、戒めを身にたもっていたのですが。

托鉢のために徘徊し、みずから制し〔他人を〕制する力ある一人の男（修行者）にむかって、わたくしの父は言いました、――『あなたはわたくしの女婿となってください、ボロ布の衣と鉢とを捨てなさい』と。

かれもまた半カ月住みましたが、そこで父に告げました、――『わたくしにボロ布の衣と鉢と飲む器を返してください。もとどおり托鉢の生活がしたいのです』と。

そこでわたくしの父と母のすべての親族一同はかれに言いました。――『ここであなたのためにしないことがあるでしょうか。あなたのためになすべきことは、すぐに言ってください』と。

このように告げられて、かれは語りました。――『わが自己が〔自由である状態を〕得れば、わたくしはそれだけで充分なのです。わたくしは、イシダーシーと共に同じ家に一緒に住みますまい』と。

かれは追われて去りました。わたくしも一人で思いにふけりました。――『わたくしは許しを得て出て行きましょう、死ぬために。あるいは出家しましょう』と」

かの女を救ってくれたものは、み仏の教えであった。

「そのとき尊きジナダッター尼は、乞食のために遍歴しつつ、父の家に来られました。〔かの尼さまは〕戒律をたもち、道を学び、徳を具えた方でした。

かの尼を見るや、起《た》って、かの尼さまのための座席を設けました。坐した尼の両足を礼拝し、食物をささげました。食物と飲料とかむ食物とそこに貯えてあったすべてのものを飽くまですすめて、わたくしは言いました、――『尼さま、わたくしは出家したいと願うのです』と」

父は最初は出家に反対したが、やがてそれを承認したという。

右の話からみても、当時は再婚も必ずしも禁じられていなかったことが知られる〔ただし、『マヌ法典』九・六五によると再婚を禁じている〕。また当時、性の道徳は相当に乱れていたらしい。母と娘とが同じ人を夫としていたことがあった。しかしそれは乱倫の行為であったと自責し、「身の毛がよだつ」のを感じて出家したという(21)。

（1）*Sn.* 108.
（2）*Sn.* 123.
（3）『中阿含経』第二六巻（大正蔵、一巻五九四中）。
（4）*Sn.* 110.

（5） *Sn*. 106.
（6） 例えば、*Āpastamba-dharma-sūtra*, I, 7, 8f（SBE. vol. II, p. 74f.).
（7） 『マヌ法典』八・三五二以下。
（8） *Dhp*. 246.
（9） *Sn*. 123.
（10） *Dhp*. 309-310.
（11） 『方広大荘厳経』第一巻（大正蔵、三巻五四二上―下）。なお『仏本行集経』第六巻（大正蔵、三巻六七八中―下）にも同様の記述がある。
（12） 池田澄達『マハーバーラタとラーマーヤナ』（日本評論社、昭和一八年）八六―八八ページ。なお池田教授の指摘によると、『大智度論』第一二巻（大正蔵、二五巻一五七）では、女人が「多くの人を共に夫とする」ことを、悪しきことがらとして非難している。
（13） *Therīg*. 72.
（14） *Therīg*. 406 ; 402 ; bhattuno denti（*AN*. IV, pp. 265, 267).
（15） *Therīg*. 406.
（16） *Therīg*. 420.
（17） *AN*. IV, p. 92G.
（18） Kumārī seṭṭhā bhariyānam（*SN*. vol. I, p. 6G.）「若於娶妻中、童女為最勝」（『別訳雑阿含経』第一二巻、大正蔵、二巻四五八下）。現代インドのサンスクリット語では英語の Miss を「クマーリー」と呼ぶ。
（19） Isidāsī Sānchī inscription II, No. 29 によるとその刻銘のついた寄進品は Isidāsī という bhichunī（＝bhikkhunī）の献納であるが、かの女は「Sagharakhitā の母」と称している。ゆえに出家する前には結婚していたにちがいない。しかし『テーリーガーター』に出て来るこのイシダーシーと同一ではないかもしれない。
(20) *Therīg.* 414-429.
(21) *Therag.* 224f.

3　夫婦のあいだの倫理

以上は事実に関する検討であるが、ところで原始仏教は夫婦のあいだの倫理をいかに説いたか？


まず夫婦は親しく睦じいものでなければならない。

「人々のよりどころは何であるか？　この世で最上の友はだれであるか？」

という天神の問いに対して、釈尊は、

「子らは、人々のよりどころである、妻は最上の友である」(1)

と答えたと伝えられている。(2)

すでにヴェーダ聖典において「妻は友である」と説かれ(3)、また叙事詩では「妻子は自分の身体である」(4)と説いている。

これはいかなる時代においても認められる真理であろうが、当時一般世人のあいだでも考えられていたことであった。

ある牧牛者はいう。

「わが牧婦（＝妻）は従順であり、貪ることがない。久しく共に住んできたが、わが意に適っている。かの女にいかなる悪のあるのをも聞いたことがない[5]」

「わたくしは自活し自ら養うものである。わが子らはみなともに健やかである。かれらにいかなる悪のあるのをも聞いたことがない[6]」

これがいわば当時の家庭の理想だったのである。

さて結婚生活においては、二人の人格のあいだにおける全面的帰投が要請される。

「もしも妻が貞節をまもり、他人の威に屈せず、
夫の欲することに従順で愛《いと》しくあるならば、
責むべきことであっても、ほむべきことであっても、
夫は秘密の事柄を妻に打ち明けよかし[7]」

世の中には、夫でも、妻でも悪い人のいるのは事実である。そのありさまを次のように伝えている。

「妻と夫とが、ともに悪い性質で、物惜しみし、悪口をいう。かれらは、生ける屍《しかばね》であり、ただ一緒に住んでいるだけである。

夫は、悪い性質で、物惜しみし、悪口をいう。けれども、かれの妻はよい性質で、寛く恵み、物惜しみしない。彼女こそ女神であり、屍である夫と一緒に住んでいるだけである。

夫は、よい性質で、寛く恵み、物惜しみしない。けれども、かれの妻は悪い性質で、物惜しみし、悪口をいう。彼女こそ屍であるが、神である夫と一緒に住んでいるだけである」

しかし、これは好ましくない。理想のすがたとしては、夫婦がともに協力一致し和合して、信

仰にもとづいた清純な家庭生活を送るべきことをも教えている。

「夫婦両人がともに信ずるところあり、こころよく与え、みずから慎んで、正しく法にかなって生活し、互いに愛の言葉を交わすならば、
両人の幸福はいやまさり、安らかな幸《さち》が生まれ来る。

両人ともに戒めを守るならば、怨敵は安らかではないであろう。

この世において両人が戒めと誓いとを共にして真理の教えを実践したならば、来世には天の世界に歓喜して、欲するがままの願いを達して悦ぶ」(8)

註釈的な散文の部分の説明によると、両人が「殺生をはなれ、盗みをはなれ、欲望について邪まな行ないをはなれ、虚言をはなれ、酒類に耽溺することをはなれ、戒律をまもり、善い性質があり、もの惜しみの汚れをはなれた心によって家に住い、修行者やバラモンに対して怒り罵ることがない」ということが、理想とされている。すなわち五戒を守るとともに、また宗教家一般に対して敬意をもって侍することをいうのであろう。

このように夫婦両者に対してともに義務が規定されているのである。

ときには邪淫の害を積極的に述べている場合がある。(9)

「仏、奈女（遊女アンバパーリー）に告ぐ、
邪淫を好む者は、五つの自ら防ぐことあり。一つには、声（＝評判）の好ましからざること多し。二つには、王法ににくまる。三つには、畏れを懐きて疑い多し。四つには、死して地獄に入る。五つには、地獄にて罪の〔むくいを受くること〕おわりて、畜生の形を受く。皆な欲の致す

ところにして、よく自ら心を滅ぼす。

不邪淫なる者には、五つの福を増すことあり。一には、多くの人が称誉す（＝ほめたたえる）。二つには、県官を畏れず。三つには、身に安隠を得る。四つには、死して上天に生まる。五つには、したがって清浄なる泥洹道《ないおんどう》（ニルヴァーナに到る道、ニルヴァーナのさとり）を立つ。

是をもってまさに自ら、女人が病いを生じ、月期不浄なるを患い厭うべし。拘絆捶杖、自在なるを得ずんば、経戒（行為規定の要目である戒律箇条）を受行して、仏の清浄の道のごとくなるを得べし。

仏は奈女のために説法して正しくみちびき若干の要語を〔のべたり〕。奈女は歓喜して避けて〔一隅〕に坐し、長跪してもうして言わく、『〔われ〕微食を設けんと欲す。願わくは、仏と聖衆とは倶に威神を屈したまえ』と。仏は黙然をもってこれをゆるしたまう。〔奈女は〕礼をなして去りき」

ところで高級娼婦であるアンバパーリー女に対して、釈尊はそのようななりわいは止めてしまえ、と言ったのか？　あるいは、そのままでかまわないと言ったのか？　経典の文句はどうも判然としていない。ただアンバパーリーが釈尊を招待して美食をもてなしたことだけが述べられている。初期の仏教としては、女に迷うことがいけないということを強調しているのであって、売春制度に強烈に抗争するということはなかったようである。

これは古訳の文章であるから、翻訳者の加筆もあるかと考えられるが、五つずつにくっていることはインドのスタイルを受けたものであることがわかる。右の文で注目すべきこととしては、邪淫つまり姦淫は、単に道徳的に悪であるにとどまらず、官憲によって処罰されていたのである。そうして世俗人が性の道徳を正しく行なうならば、やがてニルヴァーナに達し得ると考えていたほどであるから、ニルヴァーナを神秘異様な境地とは考えていなかったことも明らかである。

（1）「賢妻第一伴」（『雑阿含経』）、「妻為最親友」（『別訳雑阿含経』）。
（2）SN. I, p. 37G.『雑阿含経』第三六巻（大正蔵、二巻二六三上）、『別訳雑阿含経』第一二巻（大正蔵、二巻四五八中）。
（3）*Ait. Br.* VII, 13, 5.
（4）*MBh.* XII, 243, 20.
（5）*Sn.* 22.
（6）*Sn.* 24.
（7）*Jātaka*, VI, pp. 379-380G.
（8）AN. II, p. 59G（漢訳不明）.
（9）『般泥洹経』上巻（大正蔵、一巻一七九上―中）。

4　夫のつとめ

しかし夫婦のあいだにはそれぞれ異なった義務がある。夫が妻に対し、また妻が夫に対する義務も聖典のうちに説かれている。ややおくれて成立した『シンガーラへの教え』[1]においては、次のようにそれぞれ綱目的にまとめて説かれている。まず夫は次の五つのしかたで妻に奉仕すべきである（paccupaṭṭhātabba）という。すなわち「（1）尊敬する、（2）軽蔑しない、（3）道からはずれない、(4) 権威を与えること、(5) 装飾品を提供すること、によってである」。

この説明の文章においてはなはだ興味深いことは、諸漢訳からみても、夫が妻を「敬う」のである。
(1)「尊敬する」とは註解者ブッダゴーサによると、[2]「神々を尊崇し、もろもろの方角を尊崇するように、尊重される談話をなす」という意味である。当時のバラモン教徒は東、西、南、北、および上方、下方という六つの方角を礼拝することを行なっていた。これらの六つの方角には、神々や神霊や、そのほか眼に見えない生きものがいるので、それらをすべて礼拝するというのである。妻に対してさえ、神々に対するのと同じ尊敬の念をもってせよ、というのは、当時としてはずいぶん思い切った立言である。
(2)「軽蔑しない」とは、「奴僕、用人などは他人を悩ます〔荒々しい〕話しかたをするが、そのように罵り軽蔑して話したりしないこと」という意味であるという。つまり妻に対しても礼儀がなければならぬのである。
(3)「道からはずれない」(anaticariyā) とは、「外に踏み出して他の婦人と歩き回り逸脱するようなことをしない」という意味であるという。近代の翻訳者は「道を踏みはずさないこと」を「姦淫しないこと」と解するが、ここに意味されていることはもっと厳しいものである。どこの国でも男性が妻以外の女と交わることは決して珍しいことではないが、インドでは最近代に至るまでこの点では一般に厳しかった。婦人関係で放縦な男は非難された〔ただし上層の者の多妻は認められていた〕。仏教諸国でも同様である。ここで意味されているのは、姦淫をも含めて、男の心が妻以外の他の女に移るのを戒めているのであり、だからこそ妻以外の婦人と歩き回ることも悪徳と解されているのである。「自分の妻に満足する」[3]ということはバラモン教のほうでも説くのであるが、仏教はそれを受けているのである。パーリ聖典ではある場合には「他人の妻に近づくこと」[4]を非難している。

（4）「権威を与える」という場合の権威（issariya）とは「主権」「支配権」「優越的立場」をも意味する語（多くの漢訳では「自在」）であるが、それは次のことをいうのである——「じつに婦人というものは、大きな蔓草にも似た衣裳を得ても、食物を分配することができなければ怒る」。すなわちインド婦人はサーリーをまとっているから、身にまといついている点で大きな蔓草にもたとえられるが、食事に関する実権を与えられなければ怒ってしまう。「〔そこで〕しゃもじを手にもたせて、『お前の気に入るようにせよ』といって、食事と家事とを任せてしまって、全権をゆだねるようにする」。妻に任せてしまったならば、やたらに干渉しないのが良いのである。漢訳によると、ここでいう「権威を与える」とは「家の中において自在を得しむ」[5]ということである。「家の中の所有は多少につけ悉くこれをこれ（＝妻）に付す」[6]。

夫は社会的に家庭の外で活動するものであるから、家庭内部のことがらにいちいち気をつかうのは、それだけ社会的活動の力をそぐことになる。家庭内部のことは妻に権威を与えて任せてしまうならば、夫は外ではたらいているあいだ、気をつかわないですむ。それが夫として社会的なつとめを果すゆえんである。当時のインドの事情としては「〔妻は〕常に夫なる主〔人〕を畏る」というありさまで、「恒に自在なるを得ず」[7]と嘆かれていたから、それを是正するように説いているのである。

(5)「妻に装飾品を提供せよ」とは、世の男性たちにとっては脅威的発言であるが、パーリ文の註解によると「自分の財力に応じて装飾品を提供すること」であるという。これは恐らく原意を得た評言であろう。これは、原始仏教においても在俗の婦人の好みに対して温かい同情をもっていたことを示している。

また経済的観点からみると、必ずしも贅沢を勧めたことにはならないのである。総じて南アジアの人々は、預金することを好まないから、銀行業務がなかなか発展しない。自分の手もとに財を保管するのでなければ承知しない。財産を保全するためには、宝石とか金銀というような種類のものが最も良いが、それらは装飾品として用いられるものが多い。南アジアの婦人たちにとっては、貴金属の装飾品は一種の銀行預金としての機能をもっている。金がたまると装飾品をふやし、また金が必要になると少しずつ売却する。だから装飾品を買ってやることは、銀行預金をふやすのと同じことになるのである。古代でも同様の事情にあったと考えられる。

ところで、妻に対する「尊敬」「尊重」(saṃmānana)ということは、シナ人の道徳感にはそぐわないことであった。そこで漢訳経典では「妻子を憐念す(8)」と訳している。また「道を踏みはずさない」という教えも、一夫多妻の認められていた古代シナではそのまま承認され得なかったのであろう。ある翻訳者は漠然と「妻の親親を念ず(9)」と訳している。しかし他の訳では「外に邪まに伝御を蓄うるを得ず(10)」とか「他に情あらず(11)」と訳しているから、これらは原義を伝えていると言えるであろう。

（1）*DN*. No. 31, 30（vol. III, p. 190）.
（2）*Sv*. p. 955.
（3）*MBh*. XII, 243, 14.
（4）*DN*. III, p. 182G. パーリ文「他人の妻に近づく」の代わりに、『善生子経』には「淫邪行」、『善生経』Iには「淫逸」、『善生経』IIには「邪淫」。特に『六方礼経』に「他人の婦女を愛せず」「他人の婦に趣向せず」（『善生子経』）と訳しているのは面白い。他人の保護あるいは所有下にある婦人、すなわち妻・妾・娘などを勝手に愛してはならない、というのである。『九横経』（大正蔵、二巻八八三中）では、邪淫とは「他人の婦を犯す」ということであると解している。
（5）『善生経』II。
（6）『六方礼経』。「時に衣食を与う」（『善生子経』）ともいう。
（7）『玉耶女経』（大正蔵、二巻八六四上）。
（8）『善生経』II。
（9）『善生経』II。
（10）『六方礼経』。
（11）『善生子経』。

5　良き妻

また夫に対する妻の道もいろいろ説かれているが、それは当時の実情を反映したものであろう。当時風儀の乱れていた一例として「妻は夫を蔑視する」という。[1]そうして「不品行は婦女の乱れである」と説く。[2]

「酒肉に荒《すさ》み、財を浪費する女、またはこのような男に、実権を託すならば、
これは破滅への門である(3)」

悪い妻の物語(4)もしるされている。

「あるとき釈尊はサーヴァッティー市におり、有名な富豪〈孤独者に食を給する長者〉の家におもむいた。ところがそのとき、家の中で人々が高い声、大きな声で話していた。

釈尊はかれに尋ねた。

『〈孤独なる者に食を給する長者〉よ。そなたの住居で、人びとが、まるで漁師が漁をする時のように、かん高い声や大声をあげているが、いったい、これはどうしたことかね?』と。

長者は答えた。

『尊き師(ブッダ)よ、これは、嫁のスジャーターでございます。うちの嫁スジャーターは富み豊かな家から嫁いで来たのですが、かの女は姑を世話せず、舅を世話せず、主人を世話しないのです。尊師をも敬わず、重んぜず、尊ばず、供養することもいたしません』

そこで尊き師は、嫁のスジャーターを呼ばれた。

『スジャーターよ、これらが、七種の類型の妻である。その七種類とは何か。人殺しに等しい妻、盗賊に等しい妻、支配者に等しい妻、母に等しい妻、妹に等しい妻、友に等しい妻、下女に等しい妻である。スジャーターよ、これらが七種類の妻であるが、おまえはそれらのどれにあたるか』

『尊き師よ、わたしは、尊き師によって省略して説かれた、このことの意味を詳しく知りません。

尊き師よ、さあ、わたしのために、ありのままにお説きください。尊き師によって省略して説かれたそのことの意味を、わたしが詳しく知ることができますように』

『スジャーターよ、それでは聞きなさい、よく注意しなさい。わたしは説こう』

『かしこまりました。尊き師よ』

と、嫁のスジャーターは尊き師に答えた」

そこで釈尊は、世の中には七種類の妻があるという話をして、かの女を感化したという。その教えの内容は詩の文句で次のように伝えられている。

「尊き師は、次のように語った。

(1) 悪心を抱き、夫のためを思わず、他人に心を寄せて夫を軽蔑する。結納金で妻を得たその夫を殺そうと望む。夫に対するこのような妻は、『人殺しである妻』といわれる。

(2) 夫が妻のために工芸・商業・農業に努めて得た財を、少しでも夫から奪い取ろうと欲する。夫に対するこのような妻は、『盗賊である妻』といわれる。

(3) 仕事を好まず、怠け、大食し、粗野で乱暴であり、悪いことばを発し、勤勉な夫を圧迫している。夫に対するこのような妻は、『支配者である妻』といわれる。

(4) いつも夫のためを思い、母が子を護るように夫を護り、さらに夫の貯えた財を守る。夫に対するこのような妻は、『母である妻』といわれる。

(5) 妹が姉を尊ぶように、自分の夫を尊び、恥じらいの心があり、夫に従順である。夫に対するこのような妻は、『妹である妻』といわれる。

（6）また、ここに友がいて、久しぶりにやってきた自分の友人を見て喜ぶように、貞淑で、戒めと務めを守り、生まれの良い妻は、主人を見て喜ぶ。夫に対するこのような妻は、『友人である妻』といわれる。

（7）打つ杖で脅かされても怒らず、悪心なく、夫に対して耐え忍び、怒ることなく、夫に従順である。夫に対するこのような妻は、『下女である妻』といわれる。

したがって、この世で『人殺し』といわれ、『盗賊』または『支配者』といわれ、戒めを破り、荒々しく、尊敬心のない者といわれる妻は、死んだ後に、地獄におもむく。

また、この世で『母』『姉妹』『友人』そして『下女』といわれ、戒めを守って生活し、長い年月にわたって自己を律する者は、死んだ後に、善き世界におもむく。

スジャーターよ、夫にとってこれが七種類の妻であるが、おまえはそれらのうちのどれにあたるのか？

『尊き師よ、今日より以後、尊き師はわたしを、夫にとって下女に等しい妻とお考えください』」

世の中には以上七種類の妻がいるが、そのうちで〈殺人者〉〈盗賊〉〈支配者〉なる妻は「性質が悪く、荒々しく、尊敬をはらわないので、身体が滅びたのちに地獄におもむく」。これに反して〈母〉〈姉妹〉〈友人〉〈下女〉なる妻は「戒めを守り、長いあいだ身を制しているので、身体が滅びたのちに、善いところ（＝天の世界）におもむく」という。ところが、右の詩句に付せられている散文の説明によると、〈下女なる妻〉が最もすぐれていると考えられていたようである。だから妻にとっては夫に対する従順・奉仕が最も大切であると考えられていたのであると言えよ

う。[5] 古い詩句においては、

「もろもろの妻のうちでは従順なる妻がもっともすぐれている[6]」

といい、漢訳では〈従順なる妻〉を「貞女」と訳している。[7]

妻の理想像は次のように述べられていることもある。

「わたしは人間の中において、人の身を受けていた時、他心のない貞淑な妻であった。母と子を養護し、たとい怒った時でも、乱暴な言葉を使わなかった。

真理を尊び、偽りの言葉を捨て、布施することを喜び、同情の念をもち、心は喜び、敬って、食物や飲物をおおいに施し与えた。

それによって、わたしには、このような容姿がそなわり、それによって、この天界において善き果報を受け、また、心の欲するところの財宝がわたしに生じたのである[8]」

「何をか夫婦[9]と謂うや。〔いままで〕親しかりしひとに背き、疎なりし〔相手の人〕に向かい、生みし所（＝両親）より永く離れ、恩愛により親しく昵《むつま》じく、同じ異形にして、尊び奉じ敬い慎み、憍慢の情なく、善事もて内外に家は殷《さかん》に豊かに盈《み》つ。賓客を待接して、善き名《ほまれ》を称揚す、――最〔上〕なるを夫婦の道となす[10]」

やがてある時期になると妻のつとめを項目に分けて別挙するに至った。それによると、妻は次の五つのしかたで夫を愛する。すなわち妻は「（1）仕事を善く処理する。（2）眷属を良く待遇する。（3）道からはずれない。（4）集めた財を保護する。（5）なすべきすべての事柄について巧みであって、かつ勤勉である[11]」という行ないを守らねばならぬという。

（1）「仕事を善く処理する」とは、ブッダゴーサ[12]によると「粥や食物の煮炊きの術をはずれないで、それぞれのことを正しく行なって、うまく仕事を処理すること」である。妻が家庭の内部の仕事を処理し、整頓してくれるならば、夫は外にあっても安心して活動することができる。これは夫を助けるゆえんである。

（2）「眷属を良く待遇する」とは、「尊重などにより、また贈物を与えたり番頭を使うことなどにより、眷属（身内《みうち》）を良く待遇するのである。ここで眷属とは主人と自分との親族のことである」という。「良く待遇し」（susaṃvihita）ということばはまた「良くまとめて掌握する」という意味をも含めていて、なかなか味わいが深い。主婦が一家の中心となってまとめていくことをいうのである。これは男性である主人以上に、主婦の特に心すべきことであろう。

（3）「道からはずれない」とは、「主人以外の他の男を、心の中でさえも求めない」ことであるという、非常に精神的な意味に解している。

近代の翻訳者は〈姦淫しないこと〉と解する。妻の姦淫・密通ということは、最近の欧米・日本では決して珍しいことではないが、インドでは最近代に至るまで、ことに上層階級ではきわめて稀にしか起こらなかった。仏教諸国でも同様である。ここで意味されているのは、姦淫をも含めて妻の心が他の男に移ることをいましめているのである。俳優や歌手などに対して、「あの人、ハンサムだわ！」といって、夢中になるのも、善くないことであるとされているのである。

ここで面白いことは、自分の夫のことを「主人」（sāmika ＝skt. svāmika）と呼んでいることである。妻が夫のことを「主人」と呼ぶのは、日本だけのことではないのである。古代インドから現代のタイに至るまで行なわれている。ただ現在の日本では、妻は自分の夫のことを第三者に向かって「主人」と呼ぶ。ところが現代のタイでは、妻は自分の夫に向かって「主人よ」(svāmi) と呼びかける。

(4) 次に右の文において、「集めた財」というのは「農耕・商業などをして集めた財」である。財を集めるのは難しいが、散ずるのは易しい。それをいうのである。

(5)「巧み」とは「粥や食物をつくることなどに巧みである」ことをいうのであると解せられている。妻が夫の収入のうちでうまくまかなってゆくということは、なかなか骨の折れる仕事であり、古代インドにおいても同様であったにちがいない。収入の範囲でむだのないように適宜に処理することをいうのであろう。

また右の文において、「勤勉」とは「怠惰ならぬことである。他の無気力な婦人が坐る場所では坐っていて、立つ場所では立っているようにするのではなくて、気高い雄大な心で一切のなすべきことを実現するのである」という。

ただしある漢訳経典（『善生経』I）では内容がかなり相違している。

「〔妻は〕一には先に起き、二には後に坐し、三には和言し、四には敬順にして、五には先に意うて〔夫の〕旨を承く」

『六方礼経』では非常に具象的に妻の道を説いているので、なかなか面白い。

「一つには、夫が外より〔かえり〕来りなば、起ちてこれを迎うべし。二つには、夫が出でて、在らざるときには、炊き蒸し掃除してこれを待つべし。三つには、夫よりほかの人に淫心あるを得ず。〔夫に〕罵言せらるるも、罵りかえして色をなすを得ず。四つには、夫の教誡（いいつけ）を用う。所有の什物をかくす（蔵匿）ことを得ず。五つには、夫が休息してかくれ（蓋蔵）なば、すなわち〔妻は〕臥すことを得」

ところが他の漢訳（『善生経』Ⅱ）では、妻の道が非常にくわしく説かれている。

「一には重く夫を愛敬す。二には重く夫を供養す。三には善くその夫を念ず。四には作業を摂持す。五には善く眷属を摂す。六には前に瞻侍をもってし、七には後に愛行をもってす。八には言は誠実をもってす。九には門を禁制せず。一〇には来るを見ては讃善す。一一には床を敷設して待つ。一二には浄く美しく豊饒なる飲食を施設す。一三には沙門・梵志を供養す。妻子はこの一三の事をもって善く夫を敬順す」

また『善生子経』では「婦はまた一四の事をもって夫に事うべし」といって、ほぼ同様のことを教えている。

『シンガーラへの教え』の中では他の人間関係については、五つずつにまとめて説いている点から考えてみると、右の漢訳諸経典の諸文章はきわめて後代に、おそらく西紀後四世紀頃に、西北インドか、中央アジアか、シナのどこかで拡張敷衍されたものにちがいない。そうしてこういう婦人道徳は、その後の仏教世界をながく支配した。

「姦淫せず」ということは、夫妻の両方にともに要求されている。それは、結婚生活において最も大切なことであるので、特に取り出され、在俗信者のために規定された五戒の一つとして「不邪淫戒」が立てられているのである。

そのほかにも、特に妻が夫に対してとるべき種々のありかたが独立に説かれていることもある。「もしも夫が絶える間もなくつねに熾烈熱心に妻を養い、あらゆる希望をかなえてくれるならば、その夫を軽蔑することなく、また嫉妬のことばをもって夫を怒らせてはならない。また夫を師として賢明に万人を歓待し、敏捷であって怠らず、周囲の人々をよく摂し、夫の欲することを行ない、貯えたものをよく護り、夫の好みに従ってこのようにふるまう妻は、〈快よし〉(manāpa) と名づける神々のましますところに生まれる」[13]

この詩句が古い時代に成立して、後代に伝承されたので、のちには釈尊のことばにかこつけて次のような註解的な説明が成立し、前掲の詩句に付加して経典のうちに伝えられている。

(A)「それゆえに、娘たちよ、次のように実行することを学ばねばならぬ。――その母と父とが娘のためを願い、かの女の利益を求めて、かの女を愛し、愛するによって夫に与え(嫁がせ)たならば、その夫のために、早く起き、のちに寝て、好んで用務を弁じ、夫のこころよきことを行ない、愛しきことばを語るものとなろう、と。……大切な夫にとって『母』または『父』または『修行者・バラモン』なる人々を好遇し、尊重し、尊敬し、供養し、またかれらが来たときには座席と〔洗足の〕水をもって歓待しよう、と。……夫の家内業務は羊毛であろうとも綿であろうとも、すべてそれらに熟達し、怠らず、それの手段方法についての考究をなしとげ、それを行ないそれを処理するだけの能力あるものとなろう、と。……夫の身内の家内人に『奴婢』でも『使丁』でも『用人』でも、すべてかれらのなしたことをなしたと知り、いまだなさないことをいまだなさずと知り、病人の強弱を知り、かむ食物と吸う食物とを分に応じて分配してやろう、と。

……夫のもち来らす財宝・穀物・銀・金を受けてはおさめて安全に保管し、それについて欺くことなく、盗むことなく、飲酒することなく、損ずることのないようにしよう、と。……」(14)

ここに業務として綿と羊毛とに言及しているのは、仏教成立の社会的基盤を窺知せしめるものがある。ここでは織物工業を例として挙げているのである。当時ベナレス地方は良質の衣類を生産することで有名であった（また、最近代においてもベナレスは織物工業の中心地として知られていた）。ところでベナレスは仏教のひろがった最初の場所であったのである。

聖典のある個所(15)では以上の文章(A)のあとに、次の文章(B)がつづいている。

(B)「じつに、娘たちよ、これらの五つの性質をそなえた婦人は、身体が破壊して死んだ後に、こころよき身体ある神々のあいだに生まれて、かれらと共住するに至る」

ところが聖典の他の個所(16)では(A)とほぼ同文の文章のあとで、なお次のようにつづけている。

(C)「またじつに信女となり、仏に帰依し、法に帰依し、サンガ（信仰のつどい）に帰依する。またじつに戒律をたもち、殺生をはなれ、盗みをはなれ、欲望に関する邪まな行ないをはなれ、虚言をはなれ、酒類に耽溺することからはなれ、またじつに捨て去ることを行ない、もの惜しみの汚れをはなれた心をもって家に住まい、施与を行ない、手ずから施し、〔ひとのために〕捨て去ることを楽しみ、乞いに応じ、施しを分つことを楽しむ」

そうして、

(D)「この八種の美徳を身にそなえた婦人は、身体が破壊して死んだのちに、こころよき身体ある神々のあいだに生まれて、それらと共住するにいたる」

と結んでいる。

おそらく(A)＋(B)が原型であり、それが敷衍されて(A)＋(C)＋(D)の説明が成立したのであろう。

さらにまた妻の美徳が次のように詩句にまとめて説かれていることもある。

「善く事業を整えて、周囲の人々をよく摂し、夫の欲することを行ない、貯えたものをよく護り、信仰と戒律を身にそなえ、気まえよく物を与え、もの惜しみの心を離れ、つねに道をよく浄め、来世の幸《さち》を〔求める〕。かくのごとく八種の美徳を身にそなえる婦人であれば、それは『戒律をまもった婦人』とも『法に安住する婦人』とも『真実を語る婦人』とも呼ぶ。彼女は一六のすがたを身にそなえ、八つの条件をよく身にそなえているのである。戒律をたもったかくのごとき信女は、〈快し〉と名づける天の世界に生まれるのである」(17)

この一連の詩句はややアビダルマ（論書）的な教えかたをしているから、前回に掲げた詩句よりもおくれて成立したものであろう。

この詩句に対する註解が、すでに原始仏教聖典のうちに述べられている。それによると「善く事業を整える」というのは、「夫の家の内の業務は羊毛であれ綿であれ、すべてそれらに熟達し、怠らず、その手段方法についての考究をなしとげ、それを行ない、それを処理する能力あるものとなる」ということである。

「周囲の人々をよく摂する」というのは、「夫の家の内ではたらく人々は『奴婢』でも『使い走り』でも『用人』でも、すべてかれらのなしたことをなしたと知り、いまだなさないことをいまだなさずと知り、病人の強弱を知り、かむ食物と吸う食物とを分に応じて分配する」ということである。

「夫の欲することを行なう」というのは、「夫の欲しないことは、たとい命を失うおそれがあっても、それを行なわない」ということである。

「貯えたものをよく護る」とは、「夫のもち来らすところの財宝・穀物・銀・金を受けてはおさめて安全に保管し、それについて欺くことなく、盗むことなく、飲酒浪費することなく、損ずることがない」という意味である。

さて以上の四つの美徳を身にそなえた婦人は、「この世の勝利に歩みをすすめたのであり、この世を克ち得た」のである。

これに対して次の四つの美徳を身にそなえた婦人は、「来世の勝利に歩みをすすめたのであり、来世を克ち得た」のである。

「信仰を身にそなえた」とは、「信仰心あり、如来のさとりを信じて、世尊は尊敬されるべき人・正しき覚者・明知と行ないをそなえた人・幸せな人・世間を知れる人・人々を御する無上の御者・人間と神々との師・覚者・世尊である、と信ずる」ことである。

「戒律を身にそなえた」とは、「殺生をはなれ、盗みをはなれ、欲望に関する邪まな行ないをはなれ、虚言をはなれ、酒類に耽溺することからはなれる」ことである。

「施し捨てることを身にそなえている」とは、「もの惜しみの汚れをはなれた心をもって家に住い、施与を行ない、手ずから施し、捨て去ることを楽しみ、乞いに応じ、施しを分つことを楽しむ」ことをいうのである。

「智慧を身にそなえている」とは、「高尚であって真理に通達し、正しく苦しみの消滅におもむく、すなわち生起の消滅（＝ニルヴァーナ）におもむく智慧を身にそなえている」ことをいうのである[18]。

第二項の「結婚生活」で述べたイシダーシーの告白を聞くと、かの女はウッジェーニーの豪商（seṭṭhi）の家からサーケータの豪商の家に嫁したのであるが、かの女はいう、

「夕と朝とには舅と姑とに近づき、頭を垂れて足下に礼拝し、教えられたとおりに敬礼しました[19]。

わが夫の姉妹や兄弟や近親のうち、誰かを一たび見ても畏れ憚って座を譲りました。

食物・飲料・かむ食物・および何でもそこに貯えられてあるものを、喜んで持って来て、そうして人々に適する〔適当な〕ものを与えました。

時に遅れることなく起きて家におもむき、入口で手足を洗い、掌を合せて夫の処に近づきました。

櫛と顔料と眼薬と鏡とを携えて、婢女のごとくに自ら夫を装飾しました。

みずから飯を炊き、みずから食器を洗いました。

母が独り子に対するように、わたくしは〔わが〕夫に侍《かし》づきました」


しかし彼女は夫の気に入らないで、ついに追い返されたという。ここに当時、妻が夫に対してとるべしと考えられていた理想的態度の一端が見られる。しかしまた当時においてさえ、第三者がみて差支えなさそうに見える結婚も、両人のあいだに愛情が存在し得ないときには破滅に陥っ

たのである。

ちなみに妻の道はジャイナ教聖典にも説かれているが、[20] 初期に関する限り仏典における記載のほうが詳しい。ただし西暦紀元後になるとジャイナ教のほうが詳しいかもしれない。今日までつづいているジャイナ教の典籍は無限大だからである。

(1) *Sn.* 314.

(2) *Dhp.* 242.

(3) *Sn.* 112.

(4) *AN.* VII, 59. vol. IV, pp. 91f. H. Oldenberg: *Buddha*, S. 212-213 Anm. 相当漢訳は失訳『仏説玉耶女経』(大正蔵、二巻八六三下―八六四下)、失訳『玉耶女経』(同、八六四下―八六五下)、東晋曇無蘭訳『玉耶経』(同、八六五下―八六七上)、『増一阿含経』第四九巻(同、二巻八二〇下―八二一中)。なお林屋友次郎『経録研究』上、五四五ページ参照。形態についてみると、『増一阿含経』と『アングッタラ・ニカーヤ』におけるものが最も簡単であって、『増一阿含経』には四種の婦となっているが、『仏説玉耶女経』には五種の婦とあり、他は七種の婦となっている。なお立花俊道訳『玉耶経』(『国訳大蔵経』経部第一一所収)がある。

(5) 漢訳ではパーリ文にない説明がある。

「何をか臣のごとき婦《つま》と謂うや。夫に事《つか》うること君にたいするがごとくなるがゆえに、臣のごとき婦と謂う。

…………

何をか婢のごとき婦と謂うや。夫に事うること妾のごとくなるがゆえに、婢のごとき婦と名づく」(『玉耶女経』大正蔵、二巻八六四上)

これらはシナ的な観念をもち込んだのであろうか。なお『玉耶女経』諸本では妻の道を詳しく論じている。
(6) sussūsā seṭṭhā bhariyānaṃ (*SN*. vol I, p. 6 G.).
(7) 「娶妻中勝貞女是」(『別訳雑阿含経』第一二巻、大正蔵、二巻四五八下)。
(8) *Vimānavatthu*, XI, 11, 5-7.
(9) 原文の連絡からみると「夫婦」とは「夫に良く仕える妻」という意味であるらしい。
(10) 『玉耶女経』(大正蔵、二巻八六四上)。
(11) *DN*. III, p. 190.
(12) *Sv*. p. 955.
(13) *AN*. III, p. 38G.＝IV, pp. 266, 269G. 妻が夫に対して柔順なるべきことは『マヌ法典』(五・一五四以下、九・二九以下)に説かれている。
(14) この説法は、ある個所では世尊がアヌルッダに対して説かれたとあり、また他の個所では鹿母ヴィサーカーに対して説かれたとされ、また他の個所ではナクラの母(Nakula-mātāgahapatānī)に対して説かれたとされている(*AN*. IV, pp. 265-269)。
(15) *AN*. III, pp. 37-38.
(16) *AN*. IV, pp. 265-266.
(17) *AN*. IV, p. 271G.＝p. 273G.
(18) 右の註解的説明が、ある個所では鹿母ヴィサーカーに対して述べられたものであるとし、他の個所ではビクらに対して述べられたものであるとされている(*AN*. IV, pp. 269-273)。
(19) *Therīg*. 407-412.
(20) A. F. Hoernle: *The Uvāsagadasāo*, or the Religions Profession of an Uvāsaga, vol. II (Bibliotheca Indica, 1888), pp. 115-116.

6　社会性

以上に紹介した結婚生活に関する倫理は、別に奇異なことを述べているのではなくて、おそらく他の宗教でも承認せざるを得ないようなものである。他宗教のそれにも通ずるものであるということを、原始仏教では自覚していた。釈尊は昔の徳行すぐれたバラモンを讃歎していう、「かれら昔のバラモンたちは、四八年間、童貞の清浄行を行なった。知と行とを求めていたのであった。

バラモンたちは他の〔カーストの〕女を娶らなかった。かれらはまたその妻を購うこともなかった。ただ相愛して同棲し、相和合して楽しんでいたのであった。

〔同棲して楽しんだのではあるけれども、〕バラモンたちは、〔妻に近づき得る〕時を除いて、月経のために遠ざかったときは、その間は決して性の交わりを行なわなかった」(1)

最後の詩はパーリ語の原文からの直訳(2)である。この訳例からも知られるように、原始仏教といわずインド人一般は、性に関することがらを事実に即してはっきり述べる。ところがイギリスの紳士はかかる風を好まない。チャルマースの訳には、

'T was only when a period was o'er,
That brahmins knew their wives, ——and not between.

と訳している。

さらに前揚の詩句につづけて、釈尊の批評の語としていう。

「かれらのうちで堅固であった最上のバラモンは、じつに淫欲の交わりを夢みることさえもなかった」[3]

バラモン教のほうでも独身の清浄行を修する人々のほうがすぐれている、と仏教徒は考えていたのであった。そうして当時のバラモンたちを非難していう、――ところがいまのバラモンたちは「化粧盛装した婦人」を見て迷っている。[4]美女を贈られれば、それを受け、[5]美女の群を擁している。[6]これは堕落のすがたである、と。

夫婦の問題に関する原始仏教の倫理思想が当時の一般民衆にどれだけの影響を及ぼしたかは不明である。しかし南方仏教国の実情を見るに、仏教の家族倫理の影響が相当に残っているようである。ミャンマーではすでに数十年前でも妻は自分の財産（それが持参金であろうとも、相続によったものであろうとも）を支配している。夫妻の協力によって得た財産は共同財産である。ハーレムの制度は存在しない。結婚は民衆のあいだでは一夫一婦制であるが、王族たちはしばしばヒンドゥーの習俗に従っている。婦人はヴェールなしに歩き回り、職業に従事し、署名・証言をなし、社交に加わり、相当に自由を享受している。フィールディング（Fielding）はビルマの実情を詳細に述べているが、このような実情のどれだけが仏教に由来し、どれだけが民族古来の習慣及び良識にもとづくものであるかは明らかにしていない。しかしミャンマーがまだ経済的には低い発展段階にあったのに、昔から婦人にこのような地位を認めているのは、どうしても原始仏教思想の感化であったと考えねばならぬであろう。[7]近年でも南方仏教（Theravāda）の感化のもとにある国々では、夫婦間の不貞実・遺棄・性格の差異などの場合に、平等の条件で離婚が行なわれるが、しかしそもそも離婚ということは稀である。フィールディングの調査によると、ミャンマーの小さな村落では、離婚は結婚数の二パーセントから五パーセントの間である。[8] また仏教学者リス・デヴィッズは、具体的な数字をもっているわけではないけれども、かれがスリランカで裁判官であったときの経験では、スリランカでも離婚率はきわめて低かったという。[9] これは機械文明の極度に発達した欧米の非仏教国の場合といちじるしい対比を示している。

このように原始仏教では結婚生活の倫理を説くとともに、また他方では前に述べたように出家をすすめて、妻子に対する愛情から離脱すべきことを説いていることもある。

妻子を愛すべしという教えと、妻子に対する愛著から離脱して出家すべし、という教えとは、明らかに矛盾しているわけであるが、当時のインドの習俗として、在家生活と出家生活とがともに行なわれていたから、原始仏教ではそれぞれの生活を実践する人々にそれぞれ適当な教えを授けていたのであろう。そうして原始仏教全般にわたっての潮流としては、家にあって家族を愛するという実践よりも、家を捨てて出家するという実践のほうを重要視し、より以上に高く評価している。これはまたインドの他の宗教についても言い得ることである。これについてマックス・ウェーバー[10]は、インドにおいては修行者の呪術的なカリスマ (magische Charisma) が家族に対する義務感より優越していたからであり、この点がシナの場合とは異なっているというが、この批評はおそらく当を得ているであろう（この潮流に対する反動はインドでは後代になって強く現われた）。

（1） *Sn.* 289–291.

（2）主として故荻原博士の訳に従った。
（3）*Sn*. 293.
（4）*Sn*. 299.
（5）*Sn*. 300.
（6）*Sn*. 301.
（7）T. W. Rhys Davids, *ERE*. vol. V, p. 728a.
（8）Fielding : *Soul of a People*, London 1898, p. 219. ただしこの数字をもって全般を律することはできないということをフィールディングも認めている（リス・デヴィッズ前掲論文による）。
（9）T. W. Rhys Davids, *ERE*. vol. V, p. 728a.
（10）Max Weber : *Hinduismus und Buddhismus*, S. 181.

二　一般社会における女性問題

当時のインドにおいては婦人は社会の表面に出て活動することがなかった。村や町には会堂があって、そこで村落共同体に関することを論議したが、婦人は参与していなかった。また独立に仕事を企画したり、職業に従事することはなかった。

アーナンダが釈尊に対して次のように問うた。

「尊師よ、なにゆえに婦人は公会（sabhā）のうちに坐さないのですか？　なにゆえに職業（kammanta）に従事しないのですか？　なにゆえに職業により生計を立てないのですか？」

釈尊の答として、

「アーナンダよ、婦人は怒り易い。婦人は嫉妬ぶかい。婦人はもの惜しみする。婦人は愚かである。これこそ、婦人が公会のうちに坐せず、職業に従事せず、職業により生計を立てない理由である[1]」

という。しかし婦人の中には、このような習慣に対して不満をいだき抵抗する者もいた。その事情は次の物語[2]についてみとめられる。

村で会堂を建てたとき大工が尖塔を建てるのを忘れた。そこで売物に出ている尖塔はないかと思って探しているうちに、その村のスダンマーという婦人のところで見つかった。しかし金銭ずくでは買えなかった。

「スダンマーが『もしわたくしを会堂[3]〔の建設に参加させてくれる〕ならば、これをさしあげましょう』というと、村人は『わたくしどもは女性には参加を許しておりません』といった。そこで大工は村人たちにいった。『旦那、あなた方は何をお話しになりましたか。梵天界のほかには女人のいないところはないではありませんか。尖塔を受け取りなさい。そうすれば、わたくしどもの仕事も完成するわけですから』。村人たちはこれに賛成して塔を求めて会堂を落成した」

ただ当時の社会においては公務に婦人は関係しなかったというだけで、祭礼のような集会に出てくることはあったにちがいない。婦人が顔をヴェールでかくすという習慣はイスラームの軍隊の侵入以降行なわれるに至ったことであり、それ以前のインドには存在しなかった。

では世間の一般の会合において男女がどのように坐したのかというと、それについてはよくわからない。ただ現代インドでは、宗教上の集会、大学のクラスなどでは講壇に向かって左のほうに男性が集まって坐し、右のほうに婦人が集まって坐し、はっきり分かれている。これがどの時代にまで遡れる習俗であるか不明であるが、あるいはゴータマ・ブッダの時代にも行なわれていたのではないかと思い、一つの問題として記しておく[4]。

仏教は人格平等の原則にもとづいて、婦人にも男子と平等の地位を認めている。当時のインドにおいては、婦人を軽視する思想が有力であったが、ゴータマ・ブッダはそれに反対して、徳行高き婦人を尊敬すべきことを説いている。

当時のインドにおいては、婦人の身は一般に厭うべきものと考えられていた。

キサー・ゴータミー尼の述懐として、

「『婦女たることは苦しみである』と、丈夫をも御する御者（＝ブッダ）はお説きになりました。

……〔他の婦人と〕夫をともにすることも苦しみです。

かよわい身でみずから首をはねた者もあります、毒を仰いだ者もあります。

死児が胎内にあれば、両者ともにほろびてしまいます[5]」

バラモン教的な農村において家父長制的な家族制度の確立とともに、婦人を蔑視する傾向があらわれていた。このような傾向に対して反対する見解が、バラモン教法典の中にも現われているが[6]、仏教の開祖ゴータマは、婦人を蔑視する傾向に反対したのである。

まずその所論として第一に最高の智慧を完成するということについては、男も女も何の差別もないということを主張した。ゴータマの話として、真実の修行を車に譬えて、

「このような車（yāna）に乗る人は、男であれ、女であれ、じつにこの車によって、ニルヴァーナの近くにいる(7)」

という。悪魔パーピマントがソーマー（Somā）尼に次のように語った。

「達成しがたくて、仙人たちのみが体得し得る境地は、二本の指ほどの〔わずかな〕智慧(8)しかない女人《にょにん》がそれを体得することはできない」

こういって彼女をして修行を怠りやめさせようとしたのである。これに対してソーマー尼は、これは悪魔の誘惑であるということを知ったので、断乎として次のように答えたという。

「心がよく安定し、智慧が現に生じているとき、正しく真理を観察する者にとって、女人《にょにん》であることが、どうして妨げとなるでしょうか。

『われは女であろうか？』『われは男であろうか？』また『われは何ものなのだろうか？』と、このように迷っている人こそ、悪魔が呼びかけるのにふさわしいのです(9)」

そこで悪魔は「ソーマー尼は自分の本性を見破った」といって、打ちしおれて、姿を消したという。

コーサラ国のパセーナディ王の妃マッリカー（Mallikā）が王女を産んだが、王はそれを聞いて喜ばなかった(10)。そのときゴータマは、この王に次のように教えたと伝えられている。

「人々の王よ、女人といえども、ある人は、じつに男よりもすぐれている。

智慧あり、戒めをたもち、姑を敬い、夫に忠実である。

彼女の生んだ子は、健《たけ》き人となり、地上の主となる。かくのごとき〈よき妻の子〉は、国家

(rajja) をも教え導くのである」[11]

このように婦人蔑視の観念に真正面から反対していることもあるが、ある場合には一応それに妥協して実質的に婦人にも男子と同様に救いが授けられるということを明らかにしている場合がある。そのために成立したのが「男子に生まれかわる」(転生男子《てんじょうなんし》)[12]という思想である。この思想はすでに原始仏教時代からあらわれている。

ゴーピカーという婦人の信者が釈尊の教えを信じて実践したので、死後に第三十三天に生まれ帝釈天の子となったという話が伝えられている。彼女の感懐が韻文でしるされているが、そのうちで、

「わたくしはかつて女の身でありましたが、いまは男なのです。天の楽しみを得た神ですぞ」

という。[13]

しかし原始仏教における男女平等の主張も、一般社会に行なわれていた男女間の差別待遇を是正することはできなかった。これは改めて研究を要する課題である。

(1)　*AN*. vol. II, pp. 82-83. Cf. M. Winternitz : op. cit. II, S. 48.

(2)　*Jātaka*, No. 31.「雛鳥本生物語」(『南伝大蔵経』第二八巻三八七—三八八ページ)。

(3)　Sālā. *Jātaka*, vol. I, p. 201.

(4)　西洋にも近年までこのような習俗があった。わたくしはアメリカ南部のフロリダ州で Confederacy (南軍) の時代の野外劇を見たことがあるが、秋の収穫を終えて村人が集まって神に感謝を捧げる集会において、村の男と女とははっきり分かれて別々のグループとなって坐していた。

(5)　*Therig*. 216 ; 217.

（6） 婦人を尊敬せよ、という教えは『マヌ法典』三・五四—五九にも説かれている。
（7） *SN*. I, p. 33G.
（8） 「二本の指の智慧しかない」とは、ブッダゴーサによると、婦人が二つの指で糸をとり糸を切ることであると言い、『テーリーガーター』註によると、婦人が幼少のときから炊いた米をみて、その熟したか熟しないかを二本の指で試してみることだ、と解釈している（*SN*. I, p. 129G.）。*Therīg*. 60. cf. H. Oldenberg : *Buddha*, 9 Aufl, 1923, S. 185, Anm.
（9） 「聖者により」うんぬんと「心よく静まり」うんぬんの二つの詩句はテーリーガーター六〇、六一にも引用されている。
（10） 「〔女人は〕生まれし時に父母が心喜ばず」というのが、女人の十悪の一つとされている（『玉耶女経』大正蔵、二巻八六四上）。つづけて「〔女人を〕養育するも、味なし」という。
（11） *SN*. I, p. 86.
（12） バラモン教ないしヒンドゥー教のほうでは、仏教とは反対に、むしろ男子が変化して女子となったという伝説を伝えている。学者の指摘したところによると、Śikhandin の物語 (MBh. III, 190-194)、Nārada が Nāradī となった物語（*Nārada-Purāṇa*, 80）、マヌの娘 Ilā が Sudyumna となったが、また婦女に化せられたという物語（*Bhāgavata-Purāṇa*, 9, 1, 22-39）、*Vetāla Pañcaviṃśatikā* の第一五話がそれである。なお Tawney's translation of *Kathāsaritsāgara*, Vol. VII, p. 225. また仏教でも Soreyya の話（『ダンマパダ註』四三の条）には過去の悪業によって女身に変じたという伝説をのべている。
（13） *DN*. II, p. 273.

三　出家修行者にとっての性の倫理

本書は世俗の生活にある人々が、いかに生きるべきかを考察するのが主目的であるが、それと対比的に出家修行者のための性の倫理もついでに考察しておきたい。それは律蔵の中に述べられているが、律蔵の中にまとめられる以前の古い断片的な所説を主として以下にまとめて紹介することにした。

1　欲望――性的関係の否定

原始仏教では、人間は欲望に動かされ、欲望に支配され、そのために苦しんでいるのだと考えた。「欲望が人をそこなう」(1)。人間の欲望のうちでも最も根源的なものを「妄執」(渇愛 taṇhā)と呼んでいる。「人々は妄執に陥っている(taṇhādhipanna)」(2)。いかんともしがたい力をもって人間は欲望に動かされているのである。「愛著(rāga)にひとしい火はなく」「妄執にひとしい河はない」(3)。妄執(渇愛)とは人間が渇を感ずるときに水が飲みたくてしようがないような盲目的な衝動のことであり、これが人間を迷いの生存に束縛する原因だと考えたのである(4)。人間の快楽ははびこるものであるが、人間は快楽に押し流されている(5)。

人間の苦しみ悩みは欲望から生じるものであるから、もしも欲望から離れることができたら、もはや苦しみ、悩みは存在しないと考えた。

「欲望から憂いが生じ、欲望から怖れが生じる。欲望を離れたならば、憂いは存しない。どうして恐れがあろうか。妄執から憂いが生じ、愛執から恐れが生じる。妄執をはなれたならば、憂いは存しない。どうして恐れがあろうか？[6]」

人間の欲望は限りのないものである。それを満足させることは不可能である。

「たとえ貨幣の雨を降らすとも、欲望の満足されることはない。『快楽の味わいは短くて苦痛である』と悟るのは賢き者である[7]」

そこで原始仏教の説く倫理はおのずから禁欲的であった[8]。

「この世のものを浄らかだと思いなして暮らし、〔眼などの〕感官を抑制せず、食事の節度を知らず、怠けて勤めない者は、悪魔にうちひしがれる。——弱い樹木が風に倒されるように。

この世のものを不浄であると思いなして暮らし、〔眼などの〕感官をよく抑制し、食事の節度を知り、信念あり、勤めはげむ者は、悪魔にうちひしがれない。——岩山が風にゆるがないように[9]」

欲望を離れたところに実は偉大な楽しみがあるのである。

「放逸に耽るな。愛欲と歓楽に親しむな。おこたることなく思念をこらす者は、おおいなる楽しみを得る[10]」

自分の好み愛するもの（piya）があるから争いなどが生じるのである[11]。悦ぶことと悦ばぬことがあるから欲（chanda）が生じる[12]。だから愛著（rāga）と憎悪（dosa）とを断ち切るならば、ニルヴァーナ（涅槃）におもむくことができる[13]。貪欲（lobha）と怒り（kodha）とを断つともいう。[14] また真の修行者は愛著（rāga）と憎悪（dosa）と迷い（moha）とを絶つともいう。[15]
理想の修行者は欲求（āsā）をもたず、[16] 愛欲（kāma）をすてている。[17]「愛欲に汚されない者が真のバラモンである」[18] ともいう。またバラモン教やジャイナ教の修行者の場合と同様に、理想の修行者は「愛著を離れた人」（vitarāga）とよばれている。[19] とくに仏教的な表現としては妄執（taṇhā）をすてるのである。[20]「上にも下にも横にでも中間にでも執著する妄執を悉く去れ」[21]。とくに根源的な盲目的衝動は根強いものであるから、それを根から除去しなければならない。
「さあ、みなさんに告げます。欲望の根を掘れ。〔香《かぐ》わしい〕ウシーラ根を求めるものが、ビーラナ草を掘るように。葦が激流に砕かれるように、魔にしばしば砕かれてはならない。たとえ樹を切っても、もしも強い根を断たなければ、樹が再び生長するように、妄欲（渇愛）の根源となる潜勢力をほろぼさないならば、この苦しみはくりかえし現われ出る」[22]
ところで人間の欲望のうちで、とくに根強いものは性の衝動であるから、仏教はこれを断ずることを、修行者に向かってきびしく命令している。
「たといわずかであろうとも男が女に対する欲望が断たれないあいだは、その男の心は束縛されている。――乳を吸う子牛が母牛を恋い慕うように」[23]
そこで原始仏教では、修行者に向かっては独身禁欲の清浄行（brahmacariya）を実践することを命じている。それは釈尊が実践していたことがあるが、[24] もとはバラモン教のほうでヴェーダを学習する学生の行なっていたものであり、ジャイナ教などにも継承されていた。「真の修行者はもろもろの欲望に関して清らかな行ないをまもり、妄執を離れ、つねに気をつけ、究め明らめて、安らぎに帰している(25)」。聖者は「性に関することがらを離れ、種々の欲望をすてている(26)」

そこで修行者は、誘惑に負けてはならぬということを強調する。

「美しいかたちに愛著を起すな(27)」

「婦女は聖者を誘惑する。婦女をしてかれを誘惑させるな(28)」

当時、出家修行者のあいだでも誘惑にまけて婦女と交わる者もいたらしい。しかし、いったん独身生活を決心した者がのちに淫事を行なうならば、まったく堕落してしまったことになる。この間の消息が最古の聖典に説かれている。

「長老ティッサ・メッテーヤさんがいった。――

『きみよ、淫欲の交わりに耽る者の破滅を話してください。あなたの教えを聞いて、われらも独り離れて住むことを学びましょう』

師(=ブッダ)は答えた。

『メッテーヤよ、淫欲の交わりに耽る者は教えを失い、邪まな行ないをする。これはかれのうちにある卑しいことがらである。かつては独りで暮していたのに、のちに淫欲の交わりに耽る人は、車が道からはずれたようなものである。世人はかれを〈卑しい〉と呼び、また〈凡夫〉と呼ぶ。

かつてかれのもっていた名誉と名声とはすべて失われる。このことわりを見たならば、淫欲の交わりを断つことを学べ。

かれはもろもろの〔欲の〕想いに囚《とら》われて、困窮者のように考えこむ。このような人は、他人からとどろく非難の声を聞いて恥じいってしまう。

そうして他人に詰《なじ》られたときには、虚言に陥る。すなわち、〔みずからを傷つける〕刃（悪行）をつくるのである。これがかれの大きな難処である。

独りでいる修行をまもっていたときには一般に智者と認められていた人でも、もし淫欲の交わりに耽ったならば、愚者のように悩む。

聖者はこの世で前後にこの災いのあることを知り、独りでいる修行を堅く守れ。淫欲の交わりに耽ってはならない。

〔俗事から〕離れて独り居ることを学べ。これはもろもろの聖者にとって最上のことがらである。〔しかし〕これだけで『自分が最上の者だ』と考えてはならない。かれは安らぎに近づいているのだが。

聖者はもろもろの欲望を顧みることなく、それを離れて修行し、流れを渡りおわっているので、もろもろの欲望に束縛されている人々はかれを羨むのである』――と[29]」

「淫欲の交わりを断ち、いかなるうら若き女人にも心をとどめず、惰りまたは怠りを離れ、束縛から解脱している聖者――かれをもろもろの賢者は〔真の〕聖者であると知る[30]」

伝説によると、かつてマーガンディヤという人が、自分の娘を盛装させて同道し、釈尊の妻として受納するように乞うたときに、釈尊は次のように語ったという。

「わたくしは〔昔さとりを開こうとした時に、〕妄執と嫌悪と貪欲〔という三人の魔女〕を見ても、かれらと淫欲の交わりをしたいという欲望さえも起らなかった。糞尿に満ちたこの〔女は〕そもそも何ものなのだろう。わたくしはそれに足でさえも触れたくないのだ」

マーガンディヤはいった。

「あなたはこのような宝を欲しない。——多くの王者が求めたこの女を[31]」

こういう点で原始仏教の戒律は厳しいものであった。のちの戒律の体系においては、出家した修行僧が婦人と交わるならば、それはパーラージカという大罪を犯したことになり、教団を放逐される。「ただ一人にてあるとき、一人の女人と語らざれ[32]」というほど厳重なものであった。

侍者アーナンダは釈尊にたずねた。

「わたくしたちは婦人に対してどうしたらよいのでしょう」

「アーナンダよ、見るな」

「しかし見てしまったときには、どうしたらよいでしょう」

「話すな」

「しかし話しかけられたときには、どうしたらよいでしょう」

「そういうときには、つつしんでおれ[33]」

バラモン教のほうでは独身のヴェーダ学生は「貞潔の戒めを破るおそれのあるときには、婦女を見つめたり、触れたりしてはならぬ」と規定されていたが[34]、その精神が継承されているのである。

このような精神にもとづいて原始仏教では挑発的・官能的な絵画を禁止していた。伝説によると、釈尊の在世当時、六群ビク（つねに一群となっていた六人の悪い修行僧）が精舎のなかに女相と男相の戯画を描かせたため、ブッダはこれを禁じたが、華鬘や蔓草を描き、マカラ魚の歯などを描くことだけは許されていたという[35]（この規定は後世には無視されるようになる。たとえばアジャンターの窟院などには一対の男女の戯れている絵画が、いたるところに描かれている）。性が汚れたものであるという観念はブッダ観のなかにも現われている。やや後世になるとブッダが神格化されて考えられるようになるが、釈尊に関して「かれの隠処は被いのなかに隠されている[36]」という。このことを漢訳仏典では「陰馬蔵《おんめぞう》」というが、原始仏教末期には、仏の三十二相の一つとされて、そののち仏教では定型化した。

また右と同じような見解にもとづくのであるが、婦人の裸体は不浄醜悪であるから、ひとに見せてはならぬと考えられていた。聖典によると、原始仏教の時代に、尼僧らが中インドのアチラーヴァティー河で淫女（娼婦）らとともに同じ津において裸形で湯浴みしていた。淫女らは尼僧らに戯れて言った、――「あなたがたはお若いのに、どうして禁欲の修行をするの？　欲望は享楽したらいいじゃないの。禁欲の修行なんて、老いぼれてからやればいいのよ。そうすればあなたがたは両方を得ることになるわよ」と。尼僧らはからかわれたので羞じた。そのありさまをサーヴァッティー市に住んでいたヴィシャーカー夫人が見て、尼僧らが水浴するときのために、特別の水浴の衣を寄進しようと決心した。――「女人たちの裸形は不浄醜悪で、いやらしいものです。わたくしはこの道理を見たのですから、死ぬまで、生涯、尼さんがたに水浴衣をさしあげたいのです[37]」。

さて、このような観念のゆえに、聖者は子をもたない[38]。たとい結婚して妻子のある人でも、それに対する愛著をすてて出家すべきである。妻子に対する愛恋（apekhā）は堅固な束縛である[39]。

「子や妻に対する愛著は、あたかも枝の茂った竹がたがいに相絡むようなものである。筍が他のものによりつくことのないように、犀の角のように、ただ独り歩め(40)」

「鉄や木材や麻紐でつくられた枷《かせ》を、思慮ある人々は堅固な縛《いましめ》とは呼ばない。〔愚鈍な人が〕宝石や耳輪・腕輪をやたらに欲しがること、妻や子にひかれること、――これが堅固な縛《いましめ》であると、思慮ある人々は言う。

それは、低く垂れ、緩く見えるけれども、脱れがたい。かれらは、これをさえも断ち切って、顧みることなく、欲楽をすてて、遍歴修行する(41)」

「妻子も、父母も、財宝も、穀物も、親族や、そのほかあらゆる欲望までも、すべて捨てて、犀の角のように、ただ独り歩め(42)」

最初期の仏教においては、独り修行するということが、とくに尊重されていた。「仲間のなかにおれば、遊戯と歓楽とがある。また子らに対する情愛（pema）ははなはだ大である。

愛しき者と別れることを厭いながらも、犀の角のように、ただ独り歩め(43)」

「独り修行する」ということはバラモン教の系統の叙事詩などにおいて大いに称讃されていたが、それと同じものを初期の仏教も受けていたのである。

出家修行者は性に関することからすべて遠ざかっていたのであるから、呪術・占いなどを禁止されていたのと同様に、受胎せしめる法（gabbhakaraṇa）を行なうことも禁止されていた。(44)

そこで、妻子とともにある在家の生活よりも出家の生活のほうが尊いものであると説かれる。

愛欲をうける生活は劣っている。(45) 在家の生活は煩いに逼《せ》められている。(46) 漁師と出家者とはともに森の中にいるけれども、生活が非常に異なっているということについていう。

「両者は住居も生活も隔たっていて、等しくない。在家者は妻を養うが、善く誓戒を守る者（＝出家者）は何ものかをわがものとみなす執著がない。在家者は他のものの生命を害って、節約することがないが、聖者は自制していて、常に生命ある者を守る(47)」

当時にも平和な家庭生活を楽しんでいる人々がいた。牧牛者のことばとして伝えられているところによると、

「妻もわたしもともに従順です。幸せな人（＝ブッダ）のもとで清らかな修行を行ないましょう。生死の彼岸に達して、苦しみを滅ぼしましょう(48)」

という。次に悪魔パーピマントの語として、

「子ある者は子について喜び、牛ある者は牛について喜ぶ。人間の執著するもとのものは喜びである。執著するもとのもののない人は実に喜ぶことがない(49)」

というが、これに対して釈尊のことばとして、

「子ある者は子について憂い、また牛ある者は牛をもって憂う。じつに人間の憂いは執著するもとのものである。執著するもとのもののない人は、憂うることがない(50)」

と説いている。

このように原始仏教は、男女関係を離れた出家修行者の生活にいっそう高い意義を認めていた。こういう見解をうけて、後の戒律の体系においては、修行僧が婦女と淫事を行なうのは最大の

罪であり、これを犯したものは教団から放逐されることに定められた。

「いかなる修行僧でも、修行僧のための戒律的生活に入って、修行を見捨てず、力の弱いこと（＝戒律的生活に耐え得ないこと）を公言しないで、しかも淫事を行なうならば、たとい畜生に対してであっても、パーラージカ〔の重罪〕であって、かれは共住してはならないのである[51]」

バラモン教のほうでも、ヴェーダ学生がもしも貞潔の戒しめを破ったならば、十字路でニルリティ（Nirṛti）神に驢馬を捧げる贖罪の儀式を行なう。すなわち驢馬の皮をまとい、髪を外側に垂らし、赤い土器を両手にもち、自分の所行を告白しながら七軒の家に食を乞い、やがて一年たつと浄められるという[52]。このようにバラモン教では、いつかは浄められて、人はもとに服するのであるが、固定的なものとなった仏教の教団では、女性関係で過ちを犯した修行僧を教団から放逐してしまうというのであるから、いかに厳しい態度をとっていたかを理解しうるであろう。

（1）*Dhp*. 359.
（2）*Sn*. 1123.
（3）*Dhp*. 251.
（4）ある場合には輪廻の原因がヴァナタジャ（vanathaja）とよばれていることもある（*Sn*. 16）。*AN*. III, p. 69G.
（5）*Dhp*. 343；339.
（6）*Dhp*. 215；216.
（7）*Dhp*. 186.
（8）男女が互いに迷ってはならぬという教えは安世高訳『仏説法受塵経』（大正蔵、一七巻七三六下）の主題である（宇井『訳経史の研究』三四四―三四五ページに国訳されている）。

（9）*Dhp*. 7 ; 8.

（10）*Dhp*. 27.

（11）*Sn*. 863.

（12）*Sn*. 867.

（13）あるいは愛著（anurodha 順）と憎悪（virodha 違逆）をすてる（*Sn*. 362）、好ましきもの（piya）と好ましからぬもの（appiya）とをすてる（*Sn*. 363）ともいう。*Dhp*. 369. cf. *Sn*. 270 ; 271 ; 631.

（14）*Sn*. 537.

（15）*Sn*. 74.

（16）*Sn*. 491 ; 492.

（17）*Sn*. 176 ; 177 ; 424 ; 497 ; 1071 ; *Dhp*. 415.

（18）*Dhp*. 401.

（19）cf. sabbesu kāmesu vitarāgo（*Sn*. 1072）. その他、欲（chandarāga）をはなれる（*Sn*. 204）、貪著を去った（vitageha ; *Sn*. 860）、愛著（rāga）を断つ（*Sn*. 2）、真のバラモンは欲望（ālaya）をもたぬ（*Dhp*. 411）といい、離欲（virāga）を重んじている（ad *Sn*. 731 ; ad *Sn*. 750）。「もろもろの欲望における貪りを制せよ」（Kāmesu vinaya gedham, *Sn*. 1098）、凡夫の執する欲求（icchā）と貪欲（lobha）をすてる（*Sn*. 706）ともいう。貪欲（lobha）の排斥を説くこともある（*Sn*. 663）。

（20）*Dhp*. 416. cf. *Sn*. 495.

（21）*Sn*. 1103.

（22）*Dhp*. 337 ; 338.

（23）*Dhp*. 284.

(24) *Sn*. 428.
(25) *Sn*. 1041.
(26) *Sn*. 704.
(27) *Sn*. 947.
(28) *Sn*. 703.
(29) *Sn*. 814-823.
(30) *Sn*. 218.
(31) *Sn*. 836.
(32) *AN*. III, p. 69G.
(33) *DN*. II, p. 141. この1節は漢訳相当経の中に見当らないから、後で加わったものであろう。
(34) *Gautama-dharma-sūtra*, II, 16 (SBE. vol. II, p. 188).
(35) *Vinaya*, Cullavagga, III, 3, 2.
(36) *Sn*. 1024.
(37) *Vinaya*, Cullavagga, VIII, 15, 11f.
(38) *Sn*. 858.
(39) *Dhp*. 345.
(40) *Sn*. 38.
(41) *SN*. I, p. 77G.
(42) *Sn*. 60.
(43) *Sn*. 41.
(44) *Sn*. 927.
(45) *Sn*. III, 6, ed. Chalmers, p. 120.

（46）*Sn.* 406.
（47）*Sn.* 220.
（48）*Sn.* 32.
（49）*Sn.* 33.
（50）*Sn.* 34.
（51）パーラージカ一（*vinaya*, III, p. 23）。
（52）*Gautama-dharma-sūtra*, XXIII, 17–19.

2　修行僧にとっての婦人の問題

原始仏教教団の中核を構成していたのは、出家した修行僧であり、婦人関係を断っていたが、しかし婦人論はかれらにとっても重要であった。婦人との接触を絶つことは不可能であった。なぜか？　修行僧として生き、性の快楽を断った人といえども、食物なしに生きてゆくことはできない。食物を得るためには托鉢によって生きなければならないが、托鉢に出かけて交渉をもつ相手は主として婦人だからである。

もちろん過去の宗教教団において、修行僧が全然婦人との交渉をもたないで生活するということが行なわれたことがある。華厳宗の澄観は「眼に女人を視ず」という生活を実行したという。女人禁制が行なわれた霊場もある（シナ・日本におけるそのような習慣を道元は冷笑し、批判している）[1]。しかし、そのような生活が可能であったのは、修行僧たちが托鉢をしないですんだからである。つまり僧院が荘園をもっていて、その収益だけで暮していたからである。つまり勤労者である農民の生産物の剰余価値の収得——それは封建領主の規制によって成立しえたものであろうが——によって可能であったのである。禅林においては事情が少しく異なり、僧侶が耕作に従事した場合もあるが、しかし一定の財産（土地と家屋）を所有しているからこそ、可能であったのである。

ところがなんらの財産をも所有せず、おそらく精舎もまだほとんどつくられていなかった最初期の仏教修行僧にとっては、「眼に女人を視ず」などという生活態度はまったく不可能であった。托鉢にまわるたびに、食物を鉢の中に入れてくれるのは女性であった。

現代でも、スリランカの僧侶は托鉢を行なわないが、ミャンマーやタイでは午前六時から七時半頃まで托鉢を行なう。懇意な信徒の家へ行って鉢の中に米粥をもらうのであるが、そのさいには主婦が鉢の中へ食物をいれる。現在のこういう状況は、いまから二千五百年前の昔でもほぼ同様であったらしい。

托鉢のとき紛糾を起こした物語が律蔵の中に述べられている。衣の乱れたままの、だらしない恰好で托鉢に出かけたあるビクが、家の中をよく見きわめないで家の中に入り、門だと思って後の室に入って行ったところが、その室に裸の婦女が仰臥していた。そこでビクは、これは門ではなかったのだな、と思って出て行った。そのときかの女の夫がそのありさまを見て、このビクが自分の妻を汚したのだと思って、かれをとらえてなぐった。なぐったその音で妻は目が覚めて、かの女の夫に言った。

「あなた、どうしてこのビクを打つのですか？」

「このビクはお前を汚したのだ」

「あなた。このビクはわたくしを汚したのではありません。このビクに過《とが》はありません」

そういってこのビクを放免させた。それが機縁となって、ビクが托鉢のために家庭の中に入って行くためにはいろいろ注意すべきことがらが制定されたという。(2) こういう注意はいかなる時代においても必要であったにちがいない。

（1）『正法眼蔵』「礼拝得髄」。
（2）*Vinaya*, Cullavagga, VIII, 5, 1-2.

3　尼僧の生きかた

尼僧の生きかたを考察するということは、古代の問題であるばかりでなく、現代的な意義をもっている。現代では、古風な尼僧はだんだんと少なくなったが、女性の社会進出にともなって、独身の女性が非常に増えつつある。

そのうちには、多数の男性と性的に楽しんでいる人も多かろうが、また男性との性的関係なしに、しかも多くの男性と仕事のうえでの交渉をもちながら活動している人々がいる。こういう独身女性の生きかたというものが、新たに問題になってきている。

こういう社会的事実を考えると、古代の尼僧の問題は、現代人にとっても意味をもっている。

仏教が尼僧の教団を認めたということは重要な意義をもっている。仏教教団は出家修行者の男性（bhikkhu 比丘）と女性（bhikkhunī 比丘尼）と在俗信者の男性（upāsaka 優婆塞《うばそく》）と女性

(upāsikā 優婆夷《うばい》) との四種類から構成されている。この四つを合わせて四衆という。出家した女性の構成していた教団は、男性のそれに対して独立の意義をもつものとされていた。教団の構成において女性に男性と対等の地位が与えられたのは、やはりゴータマの主張した宗教上の平等主義にもとづくのである。

婦人の哲学者がいる、ということは、ギリシア人にとっては驚異の的であった。メガステネースはいう。

「かれら（乞食して回るものども、沙門）の中で、優雅にして上品な人々は、敬虔と神聖性とのために必要であると考える冥府についての世俗的見解をはなれていない。婦人たちが〔かれらのうちの〕あるものどもと共に哲学するが、彼女らはVenus神に属することどもから離れている」(1)

これがどの宗教の尼僧を指すのであるかは良くはわからないが、仏教、あるいはそれに近い宗教を含めて言及していると考えてよいであろう。「独身で淫楽を断った婦人たちがかれらとともに哲学する」と述べているのは尼僧（bhikkhunī）のことをさしているのであろう。ジャイナ教は、おそらく当時は裸形派（Digambara）の主張するような真っ裸の修行を行なっていたから、尼僧は存在しなかった。尼僧は白衣派（Śvetāmbara）のような白衣をまとったままの修行の成立とともに現われたのである。しかし仏教以外にも尼僧は存在していたのであって、髻を結っている女性の修行者（molibaddhā paribbājikā）(2)の群が遍歴していたことが伝えられている。だから仏教の尼僧に言及しているのであるとは断定できないが、その推定は多分に蓋然性のあるものである。当時の仏教の修行者は他の宗教のそれに比して、たしかに「優雅にして上品な人々」であり、きわめて健全な道徳的生活を行ない、アショーカ王以後の時代における発展の潜勢力を蔵していた。「冥府についての世俗的見解をはなれていない」というのは、仏教やジャイナ教などが方便説として輪廻あるいは地獄の説を述べていたことをいうのであろう。

さらに遡って、仏教以前においても、国王の宮廷のサロンにおいて婦人が哲学的論議に参与していた事実は古ウパニシャッドにおいて認められる。(3)

だから仏教における尼僧の出現はインド一般の風潮を受けているが、しかし尼僧の教団を男性の修行僧のそれとはっきり対比させたという教団の構成は、やはり仏教の主張した平等の観念にもとづいていると考えられる。

しかし現実の問題として、尼僧の教団は仏教が出現した最初の時期には存在しないで、遅れて成立したらしい。こういう想定を立てうる根拠として、（1）原始仏教聖典のうちでも最古の聖典とみなされている『スッタニパータ』のうちには、男性の修行僧のことはいくらでもあらわれるが、尼僧に少しも言及していない。（2）尼僧の教団は遅れて成立したという伝説が聖典（律蔵）のうちに伝えられている。

律蔵によると、ゴータマの養母マハーパジャーパティー・ゴータミー（Mahāpajāpatī Gotamī）が世尊のいますところにおもむいて「願わくは、尊師よ、婦人もまた如来の説きたもうた法と律とにおいて、家から出て家なきに至り出家することを得るようにしてください」と懇願した。これに対してゴータマは「やめよ、ゴータミーよ、あなたは如来の説きたもうた法と律とにおいて、女人が家から出て家なきに至り出家することを得ようと願うてはなりません」といって制止した。しかしゴータミーは自分の志をかえず、このような懇願を二度、三度とくりかえしたが、ゴータマは聞き入れなかった。そのためにゴータミーは戸外に立って泣き悲しんでいた。そのありさまをたまたまアーナンダが見て、あわれに思い、ゴータマに懇願して、戒を受けて出家することを許してもらった。そののちゴータマが嘆いていうには、「アーナンダよ、もしも女人が如来の説きたもうた法と律とにおいて、家より出でて家なきに至り出家することができないのであるならば、清浄行（brahmacariyā）は久しく存立するであろう。正法は一千年のあいだ、世に存するであろう。しかしじつに、女人が如来の説きたもうた法と律とにおいて、家から出て家なきに至り出家したのであるから、アーナンダよ、いまや正法はただ五百年のあいだ存するだけであろう。たとえば、女人が多くて男子の少ない家は盗人や強盗に荒らされやすいように、まさにそのごとく、実に、女人が家から出て家なきに至り出家することを得るところの法と律とにおいては、清浄行がながく存続することはないであろう」といい、次に稲田や甘蔗《かんしょ》の田に疫病がおこると、その田が永く存続しえないように、女人の加わっている教団は永く存続しえないと説く。そうして、最後に「たとえば、アーナンダよ、人が大なる湖水に堤防を築いて水の氾濫を防ぐように、まさにそのごとく、アーナンダよ、われは尼僧のためにあらかじめ八種の重法を設けて終生犯すべからずとしたのである」(4)。

ところで、その八種の重法(5)とは、けっきょく女性たる尼僧が男性たる修行僧に対して尊敬し服従すべきことを説いているのである。

釈尊の入滅後に、長老である修行僧らはアーナンダを責めて、かれが釈尊在世中に行なった種々の行動について非難しているのであるが、その一つとして、アーナンダが釈尊に請うてマハーパジャーパティー・ゴータミーの出家を許してもらったことを非難して、アーナンダの犯した「悪しきおこない」(dukkaṭa) という罪の一つであるという。これに対してアーナンダは、かの女は釈尊の養母であり恩人であるから、自分は出家を特に願ったのだ、「われはそれを悪しきおこないとは見ない。しかし諸尊師を信ずるがゆえに、それを悪しきおこないなりと告白する」と答えている。(6)

これは明らかに後世になって婦人だけの教団というものが充分に順当に発展しえないで、当時の仏教教団にとって厄介物となっていたので、ゴータミー女を出家させたアーナンダを非難した右のような伝説が生じたのであろう。また、若くして師ゴータマの愛情を受けていたアーナンダに対する先輩僧侶の嫉妬やいやがらせもあったのかもしれない。

そうして婦人の出家者のみの教団を、男子の出家者のみの教団と対等のものとして成立させるということは、一個の理想にほかならず、現実の問題としては充分に有力なものとして発展せしめることが困難であったらしい。後世の教団は尼僧のみの教団をいわば足手まといと感じていたらしい。そこで後世になると、尼僧を出家せしめることは釈尊の真意ではなかったという伝説が成立するに至ったのであろう。

後代の仏教教団は、王室の貴婦人（王妃・王女など）や富豪の夫人など富裕な女性の寄進によって維持され発展した場合が多い。それは碑文の類の証するところである。そういう傾向はすでに原始仏教時代に見られるのであり、サーヴァッティー国のヴィシャーカー（Visākhā）夫人はビクたちに飲食を供した。散文の部分の説明によると、かの女は修行僧らに、雨ふるときの浴衣、客人のための食物、遠く行くときの食物、病人のための食物、看病のための食物、病のときの薬、いつもつづける常時の粥を与え、また尼僧らには水浴のための衣を与えたという。(7)

しかし、ひとたび成立した尼僧の教団は普遍的宗教の理想を実現するものとなった。あらゆる階層の婦人が出家して尼僧となった。かつてはインド第一の大国マガダのビンビサーラ王の美しき妃が出家してケーマー(Khemā)尼となった。莫大な財産や奴婢を捨てて出家して尼となった婦人もあり、(8)高い身分の婦人、富商(seṭṭhi)の娘が尼となった実例もしるされている。他方では下層の人々も数多く教団に加わっている。傘をつくる職人の妻や水汲女も出家して帰投した。(9)(10)(11)「わたくしは以前には困窮していました。夫なく、子なく、朋友親族もなく、衣食をもえませんでした」と告白する婦人、一族が亡びて一人とり残された貧しい寡婦、鉢と杖とを携えて家から家に乞食し、寒熱に苦しめられていた婦人も出家している。遊女(gaṇikā, vesi)も出家した。(12)(13)(14)(15)ヴィマラー尼の前身は娼婦であった。これらの尼僧に帰せられた詩、あるいはこれらの尼僧を豊かな想像をもって讃えた詩がのちに数多くつくられて、『長老尼の詩』(*Therīgāthā*)が編纂されるに至った。(16)

(1) メガステネース断片、四一。
(2) *MN*. vol. I, p. 305.
(3) *Bṛhad. Up*. III, 6, 1f. ; III, 8, 1f. Cf. *Bṛhad. Up*. II, 4, 1f. ; IV, 5. 1f. etc.
(4) *Vinaya*, Cullavagga, X, 1-6.

（5）*Vinaya*, Cullavagga, X, 1, 4.
（6）*Vinaya*, Cullavagga, XI, 1, 10.
（7）*Vinaya*, Mahāvagga, VIII, 15. H. Oldenberg : *Buddha*, S. 188-200.
（8）*Therīg*. 151f ; 145f.
（9）*Therīg*. 405 ; 406.
（10）*Therīg*. 23.
（11）udakahārī, *Therīg*. 236.
（12）*Therīg*. 122.
（13）*Therīg*. 216-221. 散文の部分の説明によると、それはキサー・ゴータミーのことである。なお彼女が子を失って出家したことは、*SN*. I, p. 130G. にも言及されている。
（14）*Therīg*. 123.
（15）*Therīg*. 72-76. 原始仏教における婦人問題を論じた書としては、H. Oldenberg : *Literatur des alten Indien*, S. 117ff ; I. B. Horner : *Women under Primitive Buddhism. Laywomen and Almswomen*, London, 1930 (The Broadway Oriental Library) などがある。
（16）Vimalā.

第三章　経済生活の倫理

極度に発展した近代機械文明においては、当然新たな時勢に即応した生活倫理が考えられねばならない。しかしその場合にでも、古来からの人間の理法というものは、当然顧みられねばならぬ。新しい生活倫理を展開するために、原始仏教の説いた生き方を新たに考えてみることにしよう。

一　禁欲的精励の精神

1　精励による財の獲得

世俗人に対して説いた経済倫理は、出家修行僧に対して説かれたものとは著しく異なっていた。ひとは「理法にかなった行ない」[1](dhammacariyā)「非難を受けない行為」[2]をなし、「悪を離れ、徳行をゆるがせにせず[3]」、「事業が順調にはこぶこと[4]」が尊重されている。

言うまでもないことであるが、当時世俗の人々はまったく享楽の生活の享受をめざしていた。

「黄金あり財産ある家は楽しい。

ここに飲みかつ食い、苦労なしに臥せよ[5]」

しかしこの生活態度に対して仏教は、人間の欲望は限りないものであるという事実を直視する。「おかねの雨でも欲は満たされない[6]」。そこで欲望を制するということが重んぜられた。

欲望を制するということは、必ずしも財を軽蔑するということではない。むしろ財の意義を重んずるがゆえに自分の欲情にかられて不当に財を浪費することを戒めるのである。財は愛惜してこれを使用しなければならない。例えばビクは托鉢乞食のための鉢を大切にし、たといひびが入ってもその接目が五個所になったら新しい鉢と代えてもいいが、それまでは用いなければならない[7]。ビクのまとう糞掃衣は捨てられた布片を集めてつくったものである（日本で昔からいう「もったいない」という観念は実質的にはこういうところへ結びついているようである）。

在俗信者の倫理もまた財を尊重するという思想的立場にもとづいて述べられている。経済行為に関して在俗信者に説かれていることは、まず簡単にいうと、各個人が、ひたすら各自の業務に精励して、それが結果としておのずから営利を追求することになるということであった。日本では一般に、仏教は古来賤財思想（Antichrematismus）の傾向が著しいと考えられているし、また「財に執著するな」という教えが実際にすでに原始仏教聖典のうちに説かれているが、それは出家修行者のために説かれているのであって[8]、在俗信者に対してはまた別の教えがあてがわれている。原始仏教教団の中核を形成していた出家修行者たちは、家族と離れ、財産を捨て去った人々であったが、それは当時出家修行者の通習に従ったまでにすぎない。一般在俗信者に対しては、むしろ積極的に現世的な財を尊重すべきことを説いている。財の集積ということは、人生の望ましい目的の一つと考えられている。

「もしも人が適当なる処に住んで、高潔な人に親しみつかえ、正しい気持ちをたもち、あらかじめ善を行なったならば、穀物と財宝と栄誉と名声と安楽とは、かれのもとに集まる(9)」

ある場合には、特に商人に関して、精励による財の蓄積を賞讃している。

「ビクらよ、世に店主あり、午前に熱心に業務を励まず、日中に熱心に業務を励まず、午後に熱心に業務を励まず。ビクらよ、これらの三つの条件を具備している店主は、いまだ得ざる財を得ることあたわず、またすでに得たる財を増殖することあたわず。……

ビクらよ、世に店主あり、午前に熱心に業務を励み、日中に熱心に業務を励み、午後に熱心に業務を励む。ビクらよ、これらの三つの条件を具備している店主は、いまだ得ざる財を得、またすでに得たる財を増殖することができる(10)」

そこで業務に関する精励を勧め、他方では怠惰を戒めていう。

「寒すぎる、暑すぎる、晩《おそ》すぎる、といって、

このように仕事を放擲するならば、

利益は若者から去って行くだろう。

寒さをも暑さをも、さらに草ほどにも思わないで、

人としての義務をなす者は、
幸福を逸することがない(11)」

右の詩句を説明する文句の中でいう。

「資産者の子よ、怠惰にふけるならば、実にこれらの六種のあやまちがおこるのである。(1)『寒すぎる』といって仕事をなさず、(2)『暑すぎる』といって仕事をなさず、(3)『晩すぎる』といって仕事をなさず、(4)『早すぎる』といって仕事をなさず、(5)『わたくしははなはだしく飢えている』といって仕事をなさず、(6)『わたくしははなはだしく腹がふくれている』といって仕事をなさない。かれはこのようになすべき仕事に多くの口実を設けているので、いまだ生じない富は生じないし、またすでに生じた富は消滅に向かうのである。資産者の子よ、じつにこれら六つのあやまちは、怠惰にふけるがゆえにおこるのである(12)」

「『寒すぎる』といって仕事をなさない」ということをブッダゴーサ(13)は説明していう、――「時間が経ってから、人々が立ち上って、『さあ、きみ、仕事に行こうよ』と言ったときに、『どうも寒すぎる。まず骨の節々が壊れそうだ。きみらは行ってくれ。ぼくは後でもわかる(＝現われる)だろう』と言って、火を焚いて坐っている。それらの人々は行って仕事をするが、他の人(＝かれ)の仕事はすたれてしまう」と。ここでは協同作業における怠惰が非難されているのである。

『善生子経』には右の詩句を並べたあとで、

「〔これらは〕親戚の尚ぶところなり。戒を奉じてもって悪を滅す。これを習うことをなすべし。

すでに行なうことありてまた行なわば、それは親戚の上にあり。帝が衆にのぞむ（莅）がごとし」

といい、『善生子経』[14]の終わりにも似た句があるが、他の諸本には見当らない。あるいは、宗族の結合を重んじるシナ人の倫理観のゆえに、翻訳者が付加したのであろうか。あるいは西北インドでつくられたのであろうか。

やや後代の仏典には、一定の財を得るまでは結婚もしないで精励した商人の回想談が出ている。[15]さらに得た財産を保持することも賞讃されている。

「ビクらよ、ここに良家の人があり、財をたもっているが、その財は努力精励によって得られ、臂力によって積まれ、額に汗して集められ、正しく法にかなって得られたものであるとしよう。それを保護・貯蔵し、『それらの財は王も奪うことなく、賊も奪うことなく、火も焼くことなく、水も運び去ることなく、憎らしい相続者も奪うことのないように』と念ずるとしよう。ビクらよ、これが『保護のそなわっていること』と名づけられるのである[16]」

ジャイナ教では在俗信者が欲望を制限すること（icchāparimāṇa）を教えている。すなわち土地、金《きん》、獣畜、財貨、家具に関して一定の制限よりも以上に所有してはならぬというのである。ところが、仏教にはこのような制限はなかった。[17]

（1）　*Sn.* 263.
（2）　*Sn.* 263.
（3）　*Sn.* 264.

（4） *Sn*. 262.

（5） *Jātaka*, II, p. 232.

（6） na kahapāṇavassena titti kāmesu vijjati （*Jātaka*, II, p. 313G.）.

（7） ニッサギヤ・パーチッティヤ二二。なお大野信三『仏教社会・経済学説の研究』一二五ページ参照。

（8） 出家者に対する教えにおいては、妻子を得ること、その他のものを得ることとともに、「財を得ることを思うこと」（dhanalābham pi anussarati）は卑賤（hīna）であるという（*AN*. III, p. 328）。西洋中世では、利益の追求をturpitudo（卑賤）とよんだが、しかしトマス・アキナスの思想のうちにはすでに教会と政治上密接な関係のあったイタリア諸都市の金融的勢力への妥協があるという（マックス・ウェーバー、梶山訳『プロテスタンチズムの倫理と資本主義の精神』六一ページ）。

（9） *AN*. II, p. 32G.

（10） *AN*. I, pp. 115-116. ただしここでは出家修行者もそれと同様に精励すべしということを教えているのである。

（11） *DN*. III, p. 185G.

（12） *DN*. III, p. 184. なお、「悪友と悪い仲間と悪い行ないにふける人は、この世とかの世との両方で破滅にいたる」（*DN*. III, p. 184）。

（13） *Sv*. p. 947.

（14） 大正蔵、一巻二五五上。

（15） Sūrpāraka市のある富裕な資産者は、遊楽にふける子らをいましめていう、「子らよ、わたしは昔、十万の金を儲けないあいだは、妻を娶らなかった。しかるに汝らは職務（vyāpāra）を抛擲して、ひどく婦女に耽溺し、身の装飾に夢中になっている。わたしの死んだ後では一家は悲しむべきものとなるであろう」（*Divyāv*. p. 26. なお『根本説一切有部毘奈耶薬事』第二巻、大正蔵、二四巻八中）。

（16） *AN*. IV, p. 323, *AN*. IV, pp. 282-283 もほぼ同文である。『雑阿含経』第四巻（大正蔵、二巻二三中）。

(17)　*Uvāsagadasāo*, 49f.

2　消費の制限

さて富の蓄積をはかるためには、他面では消費をあたう限り少なくしなければならぬ。そこで具体的な精神態度としては、そのためには奢侈享楽にふけらないようにさせ、財の消費を戒めている。

原始仏教では、ふしだらな生活、みだれた生活を非難する。

「(1) 太陽が昇ったあとでも寝床にいる。(2) 他人の妻になれ近づく。(3) 闘争にふける。(4) 無益のことに熱中する。(5) 悪友と交わる。(6) 非常にものおしみして強欲である。——これら六つのことがらは、人を破滅に導く[1]」

「(1) 骰子と女、酒、(2) 舞踊と歌、(3) 白昼の睡眠、(4) 非時に街を遊び歩くこと、(5) 悪友〔との交わり〕、(6) ものおしみして強欲なこと——これら六つのことがらは、人を破滅に至らしめる。骰子を遊び、酒を飲み、他人にとっては生命にも等しい妻女に通い、卑しい者と交わり、経験ある人に交わらないならば、黒分（月が欠けてゆく半月）における月のように欠けていく[2]」

散文の部分においては、次の六つについて画一的な説明を述べている。

「人の近づいてはならぬところの、財を散ずる六つの門戸とは何であるか？ (1) 酒類など怠惰の原因に熱中することは、実に、資産家の子よ、財を散ずる門戸である。(2) 時ならぬのに街路を遊歩することに熱中するのは、財を散ずる門戸である。（3）〔祭礼舞踏など〕見せものの集会に熱中するのは、財を散ずる門戸である。（4）賭博という遊惰の原因に熱中することは、財を散ずる門戸である。（5）悪友に熱中することは、財を散ずる門戸である。（6）怠惰にふけることは、財を散ずる門戸である[3]」

『善生経』IIでは、右の六つのいずれを行なっても、「なすべき事を経営せず。なすべき事を営まざれば、功業成らず。いまだ得ざる財物を得ることあたわず。もと有りし財物はすなわちまた消ず」という。

『六方礼経』では（2）（3）（6）を省いて、「早く臥し晩く起きることを喜ぶ」「客を請ずることを喜び、また人をしてこれを請わしめんと欲す」「憍慢にして人を軽んず」とあり、『善生子経』は（2）を「時ならざるに他のひとの房に入る」、（3）を「大いに伎楽を好む」となっている。だから、これらのことも良くないことと考えられていたのである。『善生経』IIはパーリ本とだいたい一致するが、右の六つのことのために「財物を求める」のは「非道」であるとしている。『善生経』Iはパーリ文とだいたい一致する。

右に挙げられた六つの項目について、諸本ではそれぞれ六つずつさらに項目を分けて詳しく説明しているが、その内容はこのように必ずしも一致しない。『六方礼経』には説かれていないから、これは後世の付加であろう。

「バラモンよ、得た財の出る門が四つある。婦女に惑溺することと、飲酒に惑溺することと、賭博に惑溺することと、悪友・悪い同輩・悪い仲間のあることとである」

「バラモンよ、財の入る門が四つある。婦女に惑溺しないことと、飲酒に惑溺しないことと、賭博に惑溺しないことと、善友・善い同輩・善い仲間のあることとである」

そうして職務に関する精励勤勉の徳を強調し、怠惰におちいることを戒めている。ある場合には軽業・競争・歌楽・舞踏にふけり「女に溺れ、酒に耽り、肉に飽くなどのありさま」は人をして財を失い貧窮に陥らしめることになるので、これらを斥けている。(4)

人をして怠惰、なおざりならしめる原因としてはいくつかの事がらが考えられるが、そのうちでも最も大きなものは飲酒である。そこで飲酒をやかましく禁じたことは前に述べたとおりである。

飲酒を禁じたということは、原始仏教の世俗的道徳の一つの大きな特徴である。当時バラモン教でもジャイナ教でも、出家修行者のために五戒を立てていた。それは、殺さず、盗まず、淫せず、虚言をいわず、所有せず、ということであった。ところが仏教は、インド一般に共通なこの五戒のうちで、「所有せず」ということを省略し、その代りに「飲酒せず」ということを加えて五戒として、「淫せず」を「不邪淫」に改めて、これらを一般世俗人の守るべき基本的徳目と定めたのであった（飲酒の禁止の戒律は、後代インドではもちろん、シナや南方アジアの仏教においても厳重に守られていた）。

飲酒に関して厳しいという、この伝統は今日なおインドないし南アジアには生きている。インドのバラモンは酒を飲まないし、インド政府の公けの宴会では酒類を出さない。「毎晩ナイトクラブへ行くような人は、民衆の支持がないから、政治家として重きをなすことができない」と、かつての大統領ラーダークリシュナン博士がいったのを思い出す。

ではインドではなぜ酒を飲むのを嫌うのか？ インドの民衆は貧しいから、なかなか酒を買うことができない。そこで椰子の木にのぼって、実を取って下りてきて、ナイフで傷をつけると、二四時間で発酵するので、それを飲むのである。精製されていないから健康に良くない。また暑い国でやたらに飲んだら、すっかり体をこわしてしまう。だから、やかましく言うのである。ところが北の方へ行くと、ゆるくなる。ネパールの若干のヒンドゥー寺院（カーリー女神などを祀ってあるところ）では境内に酒店がある。こういうわけであるから、原始仏教でやかましくいったのは、多分に風土的社会的理由があると考えられる〔ただしインドでは飲酒を避けるという傾向は、ここ一〇年ほどの間に急速に消滅しつつある。しかしパキスタンでは今日なお厳しい〕。

「財を散ずる門戸」とみなされている他のことがらについても、経典はその理由を詳しく説明している。

「時ならぬのに街路を遊び歩くことに熱中するならば、次の六つのあやまちが生ずる。すなわち（1）かれ自身も護られておらず防御されていない。（2）かれの子も、妻も、また護られておらず、防御されていない。（3）かれの財産もまた護られておらず、防御されていない（＝盗賊にねらわれる）。（4）また悪事に関して疑われる。（5）不実の噂がかれに起る。（6）多くの厄介なことがらがつづいておこる[5]」

享楽的な娯楽にあまり夢中になってはならぬ。

「〔祭礼舞踊など〕見せものの集会に熱中するならば[6]、実に次の六つのあやまちが起る。すなわち、『(1)どこに舞踊があるか、(2)どこに歌があるか、(3)どこに音楽があるか、(4)どこに講談があるか、(5)どこに手楽《がく》があるか、(6)どこに陶器楽があるか』とたずねる[7]」賭博の厳禁されていたことはいうまでもない[8]。インド人は古来賭博が好きであったが、しかしバラモン教ではヴェーダ学生には賭博は禁じられている[9]。仏教はこれを厳禁した。

「賭博という遊惰の原因に熱中するならば、実に次の六つのあやまちが生ずる。すなわち、(1)勝ったならば、相手が敵意を生じ、(2)負けたならば心に悲しみ、(3)現に財の損失あり、(4)法廷に入っても[10]かれのことばは信用されず、(5)友人同輩からは軽侮され、(6)婚姻させる人々からは拒絶され[11]、賭博漢は妻をもつ資格がないといわれる[12]」

右の文において「婚姻させる人々」(āvāhavivāhakāḥ)というのは、両親または親権者をいうのであろう。原始仏典による限り、結婚は親が取り決めたものであり、現代インドにおいてもほとんど同様で変わりはない。『善生経』Iは(6)の代わりに「盗窃の心を生ず」とある。『善生経』IIでは(4)(5)は「怨家をして喜を懐かしむ」「宗親をして憂を懐かしむ」という文句になっている。『善生子経』では(3)(6)がなく「怨家はこれを快しとす」「獄の凶憂あり」という文句になっている。

右の教説からも明らかなように業務を怠るということが、それ自身悪徳なのである。例えば、聖典は「太陽の昇った後にも寝床にある人」(ussūra-seyya)を非難している[13]。

これはバラモン教で説くことと同じである。家長たる者は「決して昼間に眠ってはならない。また夜の初めまたは終りに眠ってはならない[14]」という。また女は男を滅ぼすものであるといって、

特に戒めている。(15)

また争論ということも営利活動の妨げになる。獺《かわうそ》を主題とした物語においていう。

「争論によって貧乏となり、争論によって財産が消滅する。獺は争論によって敗北した」(16)

これは俗に「金持喧嘩せず」という諺を思い起こさせる。

以上、種々の戒めを通じてみると、全体の基調は、世俗人にとっては非常に禁欲的であるが、しかし極端な耐乏生活を強要しているのではなくて、仏教の「中道」思想により、収入支出との均衡のとれた、当時の社会常識によって適当と思われる生活水準の維持を承認していたようである。

「バラモンよ、譬えば商人（tulādhāra）もしくは商人の徒弟があって、秤をとって『これだけならば下に傾き、これだけならば上に傾く』と知る。それと同じく、バラモンよ、良家の人は財の収入と財の支出とを知って平均のとれた生活（sama-jīvika）をなし、あまりの奢侈に堕せず、あまりの窮乏に堕せず、『わが収入は支出を引き去ってもなおこのように残るであろう。わが支出は収入を引き去ってもなお余分がないようなことはないであろう』というふうにする。バラモンよ、もしもこの良家の人が収入が少ないのに大がかりな生活をするならば、『この良家の人は、まるでウドゥンバラ果を食するように、財を食する』と批評する人があるであろう。バラモンよ、またもしも良家の人が、収入が多いのに貧弱な生活をするならば、『この良家の人は餓死のように死ぬだろう』と批評する人があるであろう。バラモンよ、しかるに実にこの良家の人は財の収入と財の支出とを知って釣り合いのとれた生活をなし、あまりの奢侈に堕せず、あまりの窮乏に堕しない[17]」

（1）*DN*. III, p. 184G.
（2）*DN*. III, pp. 184-185G.
（3）Singālovāda, *DN*. III, p. 182. 『中阿含経』第三三巻『善生経』（大正蔵、一巻六三九上）、『長阿含経』第一一巻「善生経」（大正蔵、第一巻七〇中）。
（4）*Jātaka*, II, p. 431.
（5）*DN*. III, p. 138.
（6）『善生経』Iには「伎楽に迷う」とある。
（7）*DN*. III, p. 138.
（8）*SN*. 106 ; *AN*. II, p. 3.
（9）*Gautama-dharma-sūtra*, II, 17. SBE. vol. II, p. 188.
（10）Sabhāgatassa＝vinicchaya-ṭṭhāne sakkhi-puṭṭhassa sato（*Sv*. p. 946）.
（11）āvāha-vivāhakānan ti āvāhakā nāma ye tassa gharato dārakaṃ gahetu-kāmā. Vivāhakā nāma ye tassa gehe dārikaṃ dātukāmā（*Sv*. p. 947）.
（12）*DN*. III, p. 183.
（13）*DN*. III, p. 184G.
（14）*MBh*. VII, 243, 6.
（15）*Jātaka*, No. 536. vol. V, p. 424f.
（16）*Jātaka*, p. 535G.
（17）*AN*. IV, p. 324. なお *AN*. IV, pp. 282-283. 『雑阿含経』第四巻（大正蔵、二巻二三中）にも相似た文章がある。

3　経済行為における適法性

財を求めるということも、単に意欲だけによって可能なことではない。それにはそれぞれの職業についての訓練・知識の習得が必要であり、それを経過しなければならない。

「初めに技術を学び、後に財物を求むべし」(1)

「『かつてみずからなし得べきであったのに、わたくしは技芸（sippa）を学ばなかった。技術をもたぬ者の生活のみじめなことよ』といって、のちに後悔する」(2)

子に特に技術（sippa）を習わせなかった商人の話も伝えられているが、(3) 商人は商人特有の徳に秀でていなければならない。

「三つの条件を具えた商人(4)は久しからずして、その財産が巨大となる。その三つとは何か」

「それは世に商人が烔眼で、巧みに活動し、基礎確実なことである」

「烔眼である」とは「世に商人がこの商品がこのようにして買われ、このようにして売られ、価格はこれこれであり、これこれの利益があるであろう、と商品を知ることである」。

「巧みに活動する」とは「商人が商品を買い、また売ることに巧みなことである」。

「基礎確実である」とは「世に商人あり、富んで大財産ある資産者（gahapati）または資産者の子たちがかれをこのように知る――『この商人さんは烔眼で巧みに活動し妻子を養い、またわれらに適時に供給する能力がある』と。そこでかれらは財貨のことに関して商人を招いていう、『きみ、商人よ、ここから財貨を買って妻子を養い、またわれらに適時供給せよ』と。かくのごとくならば商人は基礎確実である」。

「これらの三つの条件を具えた商人は、久しからずして、その財産が巨大となる[5]」

ところで、そのめざす財の獲得ということも、一定の倫理的規範に従ってなされねばならぬ。「財産を集積する[6]」ということは、「自分をも他人をも苦しめないで、正常な法によって財産を増大し、集積をなす」のである。

そこで、原始仏教においては厳粛な道徳意識が強く要請されている。「非法によって生きるのと、法によって死ぬのとでは、法にかなった死のほうが、非法にして生きるよりも勝っている[7]」という堅い決心をもっていた。

したがって財産を得るための「正しい道」(nyāya) と、しからざるものとを峻別していた[8]。取引に当っても、

「不正なる貨幣、不正なる度量衡、不正なる手段」を排斥している[9]。ところが悪人は「市場に来ても〔公正な〕値をもってする正しい商売を放擲して[10]」ごまかしを行なう。

ジェータ林に住むある修行僧(ビク)は裁縫師として知られていた[11]。古いぼろきれを集めて僧衣をつくり、色美しく染めた。他の修行僧が衣をつくってくれといって布をもってくると、布をもらって、ぼろきれでつくった出来合いの衣を引換えに与えた。これは「欺く」行為であるとして経典では非難している[12]。

「誤った手段によって利益を求める人は、滅ぼされる[13]」

といって、あるバラモンが財を求めるために呪術の使用を誤り、その結果盗賊に殺されてしま

った物語を伝えている。[14]

「法に違わず[15]」というのが当時の仏教徒の理想であった。この世の世俗的生活を正しく行なう人を称讃していう。

「かれは邪まな生活を棄て去って、偏らず、清く、正しく生を営んだ[16]」

「身体により、ことばにより、心により、法にかなった行ないをする人は、この世にあっては称讃され、死後には天の世界で楽しむ[17]」

ここで強調されている「法」(dhamma) というのは、必ずしも近代的な意味における法(Recht) あるいは法律 (Gesetz) を意味しているのではなくて、むしろ宗教的・道徳的な意味のほうが強いかもしれない。しかし、いわゆる「法」あるいは「法律」の観念に近いものも含めていることは、同様に確かである。

正しい宗教に従っているものが、人々から称讃され社会的信用を得るということは、すでにしばしば指摘したように、原始仏教聖典のうちにたびたび説かれていることであるが、これはまた近代社会、たとえばアメリカにおいても、現実の生活形成の指標となっていることである。アメリカでは教会に所属しているということが、経済面に関しても一種の身分保証なのであり、ウェーバーはここにアメリカにおける宗教と資本主義との関連を解く鍵を見出そうとする。

ウェーバーは、アメリカにおいて教会の勢力が今なお容易に衰退しない理由を、アメリカ汽車旅行の途中で、一人の旅商人にたずねたところが、かれは次のように答えた。「旦那、お互いに信心するもしないも勝手ですから、私は一体他人事には頓着しないのですが、ただ何の教会にも入っていない百姓や商人は、私にとっては五十セントの信用にも値しませんね。何も信じない男がきちんと支払いをする保証はないではありませんか」。

あるいは、耳鼻科の診察を受けに行った男が、いきなり医者に向かっていう。「先生、私は……バプティスト教会員ですが」。これは、「診察料の支払いについては御心配なく」という挨拶なのである(18)。

原始仏教においても、ここに相似た思想を見出し得るのである。ただ原始仏教の場合には、信徒の指導を行なっていたにもかかわらず、信徒を教会に分属せしめるという組織を構成しなかった。だから教会の会員であることをもち出さず、むしろ個人の行為が正しい宗教に導かれているということが、同時に経済面に関しても個人の社会的信用を得るゆえんだということを教えているのである。

（1）『善生経』II（『中阿含経』第三三巻、大正蔵、一巻六四二上）「まず伎芸を習うて、しかる後に財業を獲べし。財業すでにそなわらば、よろしくみずから守護すべし」（『善生経』I『長阿含経』第一〇巻、大正蔵、一巻七二中）。「まず学ぶことを最勝となす。次にすなわち産を治むることをなす」（『善生子経』大正蔵、一巻二五四下）。

（2）*Jātaka*, IV, p. 177G.

（3）*Jātaka*, IV, p. 255.

（4）pāpanika.

（5）*AN*. I, pp. 116-117.

（6）*Sv*. p. 951.

(7) *Therag.* 670. 同様の思想は『マヌ法典』四・一七〇―一七一にも表明されている。
(8) 「なんじの財宝は多くしてまた正しい道によって得たものである。しかるになんじの兄弟の財宝は不正の道によって得たものである」(*Divyāv.* p.35. cf. 40)。
(9) *DN.* III, p. 176. kūṭa-kaṃsa-kūṭa-māna-kūṭa-ukkoṭana. なお西洋近世初期における同様の思想については、たとえばR. H. Tawney: *Religion and the Rise of Capitalism* (Mentor Book), New York. 1947, p. 184.
(10) *Jātaka.* VI, p. 113, v. 69.
(11) cīvaravaḍḍhaka.
(12) *Jātaka,* I, p. 220f.
(13) *Jātaka,* I, p. 256G.
(14) *Jātaka,* I, p. 252f.
(15) dhammaṃ nātivattati. *AN.* I, p. 18G.
(16) *DN.* III, p. 177G. micchājīvañ ca avasaji samena vuttiṃ sucinā so janayittha dhammikena.
(17) *SN.* I, p. 102G. pecca sagge pamodati.
(18) Die Protestantischen Sekten und der Geist des Kapitalismus (杉浦宏訳『アメリカ資本主義とキリスト教』二九ページ以下).

4　財の蓄積と活用

バラモン教の倫理は、大ざっぱに言えば、氏族制農村社会のそれであって、家族倫理に関しては家父長制的な立場に立っていた。これに対して仏教ならびにジャイナ教の倫理は、インド古代社会におけるいわば資本主義的な倫理であるということができる。原始仏教においては、家長たるものは、勤勉に生業に従事して、かかる禁欲的精励によってやがて財を集積することを勧めている。

「戒め（sīla）をたもっている賢者は、
〔山頂に〕燃える火のように輝く。
蜂が食物を集めるように働くならば、
〔かれの〕財（bhoga）はおのずから集積する。
あたかも蟻の塚の高められるようなものである。(1)
このように財を集めては、
かれは家族（kula）のためにじつに良く利益をもたらす家長（gihi）となる。
その財を四分すべし。〔そうすれば〕かれはじつに朋友を結束する。
四分の一の財をみずから享受すべし。
四分の二の財をもって〔農耕・商業などの〕仕事を営むべし。
また残りの第四分を蓄積すべし。
しからば窮乏の備えとなるであろう(2)」

この意味は恐らく収入の四分の一は生活のために使ってよいが、全収入の四分の二、すなわち半分は農耕と商業というような生業に用いるべきであるというのであろう。別々に農耕に四分の一、商業に四分の一を使えと区別して指定しているわけではないであろう。

以上の教説に対して『善生子経』では、さらに補足を加えるようになった。

「もし索めてもって財を得ば、常に四分となすべし。一分もて衣食を供し、二〔分〕を本となして私を求め、一〔分〕を蔵して儲躊となし、厄時に救うべし。(――以下この経典の補足――)農・商・牛を養い羊を畜う業に〔第〕四あり。次に〔第〕五に室を厳《かざ》り始め、第六に娉娶すべし(3)」

以上は純世俗的倫理の立場から補足がなされたのに対して、教団的立場から補足のなされたこともある。

「一に食して止足を知り、二に業を修して怠ることなかれ。三に先に儲《たくわ》え積みて、もって空乏に擬すべし。(――以下補足――)四に田を耕し商賈し、沢地に牧を置き、五に塔廟を起こすべし。六に僧の房舎を立つ〔べし〕。在家のひとは六業に勤め、善く修して時を失うなかれ(4)」

この最初の詩句においては、けっきょく、利得全体のうちの四分の三を、なんらかの意味で生産のために回転活用すべきである。それが家長としての道である、と説いているのである。この規定はながくアジアの仏教国において経済の管理に対する指導原理として伝承され、また二宮尊徳の報徳仕法の基礎となっているものも実はこの四分法であるという(5)。

ゆえに原始仏教は営利追求ということを、むしろ積極的に勧めている。ただそれを享楽的な消費に使ってはならない、というのである。隣人が苦しんでいるのに、自分だけが快楽を享受してはならぬということは、原始仏教聖典のうちにくり返し強調されているところである。

しかしながら、ともかくわれわれはここに、近代西洋の初期における資本主義倫理思想といちじるしく相似たものを見出し得るのである。ゾンバルトによると、資本主義以前の社会においては人々は消費のために生産したのであるが、資本主義社会においては営利のために生産し、営利のために営利を追求するのであるという[6]。もしもかかる仮説に従うならば、すでにこの時代のインドにおいて、ある点では資本主義的な考えかたが成立していたといってよいであろう。

ウェーバーは西洋近代初期における「禁欲的節約強制（asketischer Sparzwang）による資本形成」を問題として次のようにいう――「獲得したものを消極的に使用することをさまたげる力は、その――投下資本としての――生産的用途を促進せずにはいなかったのである。この作用がいかに強かったかを、正確に数字によって知ることはいうまでもなく全然不可能である[7]」と。ところが、すでに原始仏教のこの古い時代において、投下資本の割合が、概数にもせよ、数字をもって明示されていることは、興味深い現象であるといわねばならぬ。

したがって原始仏教の説いている職業倫理説は、近代西洋における資本主義の先駆者たちの説いた商業道徳にいちじるしく類似した特徴を示している。「人はいかにして財を得るか？」という問に対して、

「適宜に事をなし、忍耐づよく努力する者は財を得る。誠実（正直）をつくして名声を得、何ものかを与えて友交を結ぶ[8]」

と答えている。すなわち、正直の徳を守ることによって世人一般の信用を得、それが富を得ることと密接な連関があると考えられていたようである。

仏教が正直の徳を強調したということは、商業道徳の一つとも解せられるのであるが、そのあらわれの主要なものとして、貸借関係の道徳を強調する。当時の世人が借金取りに苦しめられて

いた事実は、原始仏教聖典のうちにしばしば現われているが、とくに負債は必ず返済しなければならぬ、という。

「実際には負債があるのに、返済するよう督促されると、『あなたからの負債はない』といって言い逃れる人、――かれを実は『賤しい人』であると知れ」[9]

「借金を踏み倒す人」[11]（iṇaghātaka）はひどく非難されている。[10]

ある物語によると、孤独者に食を給する長者は仏教教団に経済的な意味の施与を行なったけれども、さらに多くの商人（vohārūpajīvin）が証文（paṇṇa）を認めて一億八千万という巨額の金をかれから借用した。しかしその豪商（mahāseṭṭhi）はこれらを回収しようとしない（nāharāpeti）。しかしこの豪商がのちに経済的に逼迫したので、女の魔神が借主を脅やかして、負債を返させたという。ところで豪商の行為をも女神の行為をも、聖典は善い（bhadra）こととして賞讃している。

ここで次のような倫理思想を見出すことができる。

（1）他人を助けるために金を貸すのは善いことである。

（2）しかし自分で借金の取り立てをやいやい言うことは好ましくない。

（3）他人のために借金を取り立ててやるのは善い行為である。

そうして借金によって事業を起こして成功し、妻を娶った人の喜びが説かれている。[12] だから負債ある者は仏教教団に入って修行者となることができない。当時のマガダ国王ビンビサーラが負債ある者が出家して教団に入ることを承認したのに対して、仏教教団は世人の非難に屈して、かかる人々の入団を拒否したのである。[13] 恐らく負債に関して紛糾の起こるのを避けたのであろう。[14] 以上の諸事実から考えると、原始仏教には利子禁止の思想は存在しないのみならず、[15] 負債に対する利子の正当性を承認しているのである。

やや後になると、経典自身が利子をとるために貸付することを、世俗人に対して積極的に奨励している。ある場合には、収入を四分して、四分の一を「飲食」に用い、四分の一を「田業」にあて、四分の一を貯蔵して万一の場合に備え、四分の一を「耕作〔者や〕商人に給して利息を出す」[16] という。後代になると仏教教団自身が貸付を行なうこともあったのである。

当時の商取引には人間と人間との信頼関係というものが非常に重要な位置を占めていた。『忘恩本生物語』(Akataññujātaka) によると、辺地の富商（甲）がサーヴァッティーの富商（乙。孤独なる人々に食を給する長者）に向かって五百輌の車に品物を積んで送り届けたところが、乙はその隊商の人々を歓待し、宿と金を与え、品物を売り捌いてその代りの品物を与えた。ところがのちに乙が甲に向かって同じように隊商を送ったところが、甲は乙からの贈物は受取っておきながら、「おまえたちは帰れ」といって、追い返し、宿も金も与えてくれなかった。その後、甲が乙にもう一度五百輌の車を送った。すると乙の雇人たちは、甲からの隊商を歓待しておきながら、夜中に五百輌の車に積んだ品物を奪い去り、かれらの上衣下衣を引き裂き、牛を逃し、車から車輪をはずしてもって行ってしまった。これについて仏教の立場からとして次の詩を説いている。

「先に善いことをしてもらって、利益を受けておきながら、それを覚らない者は、のちに事の起こったときに、処すべき人を得ないであろう[17]」

ここで乙の用人が不当な報復を行なったことを非難しないで、むしろ甲が忘恩であったことを非難している。一つには右のジャータカの教えが無知無学な用人の層に向かって説かれたのではなくて、多くの用人を使っていた企業主の立場の人々に向かって説かれていたことを示すものであろう。

共同で商業を営む場合には、利益は当然折半されるべきであると考えていたらしい。二人の商人が共同で事業を行なっていた場合に、「自分に利益の三分の二をよこせ」といった商人は「邪まな商人」(kūṭavāṇija) とよばれている。[18] 一人の商人が他の商人に一定の資金を提供したならば、その資金の額だけは取りもどす権利があると考えられていた。[19]

のみならず原始仏教では投機によって巨利を博することを必ずしも排斥しなかった。ジャータカの中には、実際に巨大な財産をつくり上げた人のことが記されている。かれは、五百頭の馬をつれて馬商人が村にやって来るというニュースを得ると、その村の草を買い占めて巨利を博した。また大船が港に着いたというニュースを得ると、八カハーパナの金で一切の装備の整っている車を時間ぎめで借りて威風堂々と港に乗り込んだ。そうして、

「船の〔品物を売約した?〕証拠金 (nāvāya saccakāra) として一つの指輪を与え、近い所に天幕を張らせて坐っていた。……そのとき、『船が着いた』と聞いて、ベナレスから百人の商人が『品物を手に入れよう』と思ってやって来た。人々は『きみたちは、もう品物が得られないよ。すでに某所の大商人が買収する約束をしてしまった』といった。かれらはそれを聞いて、かの商

人のところへやって来た。……かれら百人の商人たちは、各自一千金を出して、かの商人と共に船に入ることができて、さらに各自一千金を出してかれに所有権を棄てさせ、品物を自分たちの所有にした」

そこでその商人は二〇万金を得てベナレスへ帰り、かつて財産づくりのきっかけをつくってくれた財官（seṭṭhi）に一〇万金を与えた。その商人は財官に対して「恩を報じなければならない」[20]と思ってそうしたのである。するとその財官は「こんな男を他人の手に渡しては惜しい」といって娘をめあわせる。

右の話を是認するものとして、次の詩がブッダのことばとして引用されている。

「聡明な賢者はわずかの金で、よく身を起こす。——一点の火を吹きおこすように」[21]（「わずかの金」（appaka pābhata）とは「わずかの蓄え」つまりわずかの資本のことである」。

たった指輪一つを証拠金として船荷を全部買い占めるとは、実に大胆な投機である。ところで原始仏教はこういう行動を排斥しないで、むしろ是認賞讃して民衆に説いている。第二に注目すべきは、経済行為に関してさえも、報恩の観念が示されている。右の話においてこの商人はかつて利益のきっかけをつくってくれた財官に対し、築き上げた富の半分を与えている。それはコミッションではない。過去の恩に対する感謝なのである[22]。

以上に考察したように、原始仏教においては、少なくとも世俗人に対しては、富を軽蔑する思想を説かなかった。むしろ反対に、前掲の諸例が示すように富を重視していたのである。

「相応した富（bhoga）もなく、また善（福 puñña）をもなさない人」

は意義のないものであると説く。(23)

「このように業を修せば、家に損減なく、財宝は日に滋長することは、海が衆流を呑むがごとくである(24)」

財を六つの目的のために使え、ということを言ったあとで、

「家にもし〔この〕六つの事を具すれば、〔苦労を〕増さずして快く楽を得。かれは必ず銭財にゆたか（饒）にして、海の中に気の流れ〔いる〕がごとし。かれはかくのごとく財を求め、なお蜂が花〔の蜜〕を採るがごとし。ながきあいだ（長夜）に銭財を求め、まさに自ら快楽を受くべし(25)」

漢訳経典はここで「快楽」という語をはっきりと使っている。それは西洋の快楽主義者（hedonist）の意味する快楽とまったく一致するものではないであろうが、しかし共通点の存することもまた否定できないであろう。ただ道徳に反する、適法ならざることによって不当の富を得ることを非難しているのである。

「法と非法とを混用して富を求め、盗み及び詐欺をはたらき、そのいずれの場合にも虚言をいい、〔財宝を〕蓄積するにのみ巧みであって、欲楽を享受する人――かれは地獄（niraya）におもむく(26)」

そうしてまた必ずしも無限の富の追求を教えているのでもない。

「おのが仕事と広大な富とを注視せよ。

望んでいたとしても、何の益をもともなわないことを実行してはならぬ。

いつくしみ深き人々のことばに従え。
かかる人々の車輪はよもや逸脱しないであろう[27]」
という。

ところで原始仏教では富の蓄積ということは、単に人の意欲と努力とだけによって達成されるものではなくて、そこには宗教的な運命の力がはたらくと考えていた。それは過去において良い功徳を積んだことにもとづくという。

「幸運のない努力家がどれほど多くの財を集めようとも、幸運に恵まれれば、巧なる者も巧ならぬ者も、ともにそれと同じだけを享受する。

またそのところに適《ふさ》わしからず、またまったく異なった多くの財物も、善業（功徳puñña）を積んだ人には、いたるところに生ずる[28]」

ここでは「神」ということばこそ使っていないが、カルヴィニズムを何かしら思わせる共通なものがあるといっても、言い過ぎではないであろう。ただ仏教では、運命的に規定するものを業としてとらえるのである。人はいかに努力しても幸運に恵まれない限り、財をなすことはできない。ところでその幸運なるものは、現世及び前世において善いことを行なった報いとして得られるのである。そこで富の蓄積の倫理は必然的に施与の倫理を導き出すに至るのである。これを次に考察することにしよう。

原始仏教においては富者に対抗する「貧者の友」という意識はなかった[29]。時に貧しきことを誇りとするという態度は認められない。仏教徒は、施与の精神の強調や社会事業の実行などによって、実質的には貧者の友となっていたのであり、心から貧者への奉仕につとめていた。また信徒のうちには下層階級の出身者も相当に多かった。それにもかかわらず、富者に対する対抗意識というようなものは、現われていない。

（1） 相当漢訳には「かくのごとく業を修せば、かつて家に損減なく、財宝は日に滋長すること、海の衆流を呑むがごとし」『善生経』I（大正蔵、一巻七二中。なお同上、二五四下参照）。
（2） *DN*. III, p. 188.『雑阿含経』第四八巻（大正蔵、二巻三五三上―中）。
（3） 『善生子経』（大正蔵、一巻二五四下）。『善生経』IIもほぼ同文。
（4） 『長阿含経』のうちの『善生経』I（大正蔵、一巻七二中）。
（5） 大野信三『仏教社会・経済学説の研究』一三三、一三七ページ以下。
（6） マックス・ウェーバー、梶山訳『プロテスタンチズムの倫理と資本主義の精神』序説四一ページ。
（7） 梶山訳前掲書、二三〇ページ。
（8） *Sn*. 187. フランクリンに同様の思想が認められる（大塚久雄『宗教改革と近代社会』一八ページ以下参照）。
（9） *Sn*. 120.
（10） *Sn*. 246.
（11） *Jātaka*, I, p. 227.
（12） 喜ばしいことの譬えとして、ある男が負債をもって事業を起し、その人の事業を繁栄させて、旧負債の元金をすべて償却することを得、なお、その上に残額があって妻を扶養することができるようなものである（*DN*. I, p. 71.§69.= *MN*. I, p. 275）。
（13） *Vinaya*, I, p. 76（Mahāvagga, I, 46）.
（14） なお奴僕の出家も認められなかったが、それも同様の理由によるのであろう（Mahāvagga, I, 47）。

(15) 貧窮な人が負債に苦しめられて、没落してゆく過程を説いた経典（*AN*. III, 351f.『中阿含経』第二九巻『貧窮経』）においては、利子をとること一般を批難しないで、むしろ世間において人々がこのように苦しめられているのと同様に、宗教的方面においても、悪い行ないをする人は悪業に苦しめられるということを教えているのである。

(16)『中阿含経』第三三巻（大正蔵、一巻六四二上）。

(17) *Jātaka*, I, p. 378.

(18) *Jātaka*, No. 98, Vol. I, p. 404.

(19) *Jātaka*, No. 131.

(20) kataññunā bhavituṃ vattatīti,（*Jātaka*, No. 4, Vol. I, p. 12, l. 10）.

(21) *Jātaka*, I, pp. 120-122.

(22) 漢訳仏典では「恩返し」のことを「反復」という漢字で表現していることがある。『ウダーナ・ヴァルガ』二九・二三に出てくる akṛtajña を『法集要頌経』相応品（大正蔵、四巻七九三中）では「無反復」と訳している。「反復」とは恩返しをすることであるから、人から恩を受けても恩返しなど特に考えない、という意味に訳者は解しているのである。また、saṃdhicchettā を同経では「穿牆而盗窃」と訳しているが、盗みをしてもかまわぬ、と解していたのであろうか？　何か文章の錯簡があるのかもしれない（あるいは「母を殺し」うんぬんのように、別の趣旨を含めた寓意的表現なのかもしれない）。*DhpA*.（ad 197, p. 257）には ye gihino sandhicchedādivasena pabbajitā という文章がある。あるいはこの『ウダーナ・ヴァルガ』の詩句は、「信仰なく、恩を知らず、境界の垣根を破って盗みをする人でも、〔善意をなすに〕由なく、欲求を捨て去ったならば、――かれは実に最上の人である」と解するならば、一応意味は通じることになる。もしそうだとすると「信ずるな」と説いた最初期の仏教とは立場が異なってくる。

(23) *AN*. I, pp. 129-130G.

(24)『善生経』I。

(25)『善生経』II（大正蔵、一巻六四二上）。
(26) A.N. I. pp. 129-130G.
(27) *Jātaka*, IV, p. 5 G.
(28) *Jātaka*, II, p. 413G.
(29) カルヴィニズムでは貧者に対する同情心はほとんど見られない（R. H. Tawney : op.cit., p. 115)。

二　施与の道徳

1　施与の徳

ところで原始仏教によると、努力精励によって富を得ても、自分ひとりで独占していてはならぬ。他人に与えなければならない。財をあつめるということも、結局はそれによって人々に福利をわかち与えることをめざすのである。だから原始仏教においては、与えること（施与 dāna）の道徳が最も力を入れて強調されている。(1)「与える」ということは、すでにウパニシャッドにおいて一つの徳として教えられていたが、(2)仏教ではその世俗道徳の根幹とされた。(3)「与える」ということを漢和訳典では「布施」と訳している。

財を得ても人に与えないでものおしみしていてはならぬ。(4)ものおしみ（macchara）のこころをすてて、人々に施与を行なうべきであるということを強調している。(5)仏教の理想としての慈悲の徳は、他の人々に何ものかを与えるという施与（dāna）の実践において特に具現する。施与は最初期の仏教においては、くりかえし強調された。(6)「財を得ては多くの人々のために恵む人」を称賛している。(7)「信仰ある人」は「その心が慳吝《けんりん》の垢を離れて家に住み、気前よく施し、その手浄く、頒布を楽しみ、他の人が乞い易く、財を均分すること（dānasaṃvibhāga）を楽しむ(8)」。

施与者には功徳（puñña 福）が集まる。(9)

「施与をなす人は天界に赴く。
そこで望みをかなえて喜ぶ(10)」

とくにその精神的意義が強調された。

「たといわずかのものであっても、信仰心をもって与えるならば、
その人はそれゆえに来世において安楽となる(11)」

「人々に施しをなさい」
それは国王、王妃のできることである。(12)

施与（dāna 布施）はジャイナ聖典の中でも強調されているが、とくに中世（一二世紀―一六世紀）の『施しの物語』（danakathā）の中で強調されるに至った。

(1) 施与の讃嘆は *Jātaka*, IV, p. 241, v. 17; pp. 62–69 などにみられる。施与を実際に行なう人の種々なる心理的動機が AN. IV, p. 236f. に説かれている。cf. IV, pp. 61–62.
(2) *Bṛhad. Up.* V, 2.
(3) 施与（dāna）の称讃は原始仏教聖典のうちの至るところに説かれている（AN. II, pp. 63–64G. III,

pp. 159-160；SN. I, pp. 20-21G.；31-32G.)。
（4） *Therag*. 776.
（5） SN. I, p. 18G.「ものおしみする人に、施与によってうち勝て」（*Dhp*. 223)。
（6） *Sn*. 263.
（7） A.N. III, p. 47G.
（8） A.N. I, p. 150.
（9） A.N. II, pp. 55-56G.
（10） *Itiv*. 26G. cf. SN. I, p. 32.
（11） SN. I, p. 20.
（12） *Therig*. 484.

2　与える相手

では誰に与えるのか？

すでにウパニシャッドにおいて「客人を神としてうやまえ」[1]と教えているが、それは遠くから来た客人に物をゆたかに与えてもてなせ、という意味を含んでいる。またジャイナ教でも従属的な戒律[2]の一つとして、ひろく「客人に物をわかつ」(atihi-saṃvibhāga) ということが称賛されている。[3]原始仏教もこういう思想を受けてそれを徐々に発展させたのであった。

仏教がまだバラモン教にかこつけて説かれていた場合には、次のように説明している。バラモン教では祭祀のときに三つの火をともすのが規定となっているが、仏教によるとそれは象徴的意

義のあるものにすぎず、実際は次の三種類のものを愛護し養うことであるという。パーリ文のある経(4)によると、

第一の火――母または父のことである。

第二の火――子または妻または奴僕または召使または用人のことである。

第三の火――修行者・バラモンたちである。

これらの人々を尊び重んじ敬い供養して、そのあとでこれらの火を消すべきである、という。

これに対して相当漢訳(5)ではかなりくわしく説いている。

（1）「根本の火(6)」とは「方便（＝努力）もて財を得、手足もて勤苦して如法に得たるものにより父母を供養し安楽ならしむ。何がゆえに名づけて根本となすや。もし善男子にして彼より生ぜば、いわゆる父母をゆえに根本と名づく。本を崇むるをもってのゆえに、随時に恭敬して奉事し供養し、施すに安楽をもってす」。

父母はわれらを生んでくれた人だから、特別にあがめるのである。

（2）「居家の火(7)」とは「方便（＝努力）もて財を得、手足もて勤苦して如法に得たるものにより妻・子・宗親・眷属・僕使・用〔人〕・客〔人〕に供給し、随時に給与し、恭敬して安らぎを施す。これを〈家の火〉と名づく。何がゆえに〈家の火〉と名づくるや。それ善男子にして居家に処《お》り、楽しむには同じく楽しみ、苦しまば同じく苦しみ、なすところに在っては皆な相い順従《したが》うがゆえに〈家〉と名づく。このゆえに、……随時に供給し安楽を施与す」。

当時の資産家は大家族の生活を営んでいたので、このように説くのである。

(3)「田の火[8]」とは「方便(=努力)もて財を得、手足もて勤労して如法に得たるものによりもろもろの沙門・婆羅門に奉事し供養す。善くよく貪と恚と癡とを調伏したる者なるかくのごとき等の沙門・婆羅門は福田を建立す。〔かれらを〕崇向すること増進せば、楽の分・楽の報あり、未来に天に生ず。これを〈田の火〉と名づく。なにゆえに〈田〉と名づくるや。〔かれらは〕世の福田となり、いわく(=すなわち)〔かれらは〕応供となる。このゆえに〈田〉と名づく。この善男子にして随時に恭敬し奉事し供養せば、〔かれらは〕其(=善男子)に安楽を施す」。

〔この漢訳文では額に汗なす勤労を尊重し、「勤労」という語まで使っていることに注意すべきである〕。

ここに説かれているのは、広義の身内の人々と宗教家とを尊重せよということである。漢訳文のほうでは「客人」をも含めているから、いくらか範囲が広いかもしれないが、それも「わが家に来り滞在する客人」に限られている。社会一般の人々を考えてはいないのである。つまり仏教がバラモン教の文化的圧力のもとにとどまっていた時期には、まだ一般社会に向かっての呼びかけはなされていなかった。バラモン教の呪縛を跳ねとばすだけで精一杯だったのだろう。

しかし仏教もやがて社会一般に向かって呼びかけるようになった。

まず貧しい者に対する施与は、とくに賞賛されている。

「信仰あり経験ある賢者は、消費財を集めて、飲食をもって食乞う者をよろこばしめる[9]」

「法をもって集め、勤勉によりて富を得たとき、飲食をもって食乞う者どもを正しくよろこばしめる[10]」

物語によると、ある大王は民衆に対する父母のような立場に立って、貧乏人や旅行者・旅商人・乞う者どもに偉大な施与を行なったという[11]。

やや後世の記述によると、ある商人についていう。

「かれ（商主）の父母が死んだ。かれはその財物のすべて（dhanajāta）を困窮せる者・孤独なる者・貧窮なる者（dīnānāthakṛpaṇa）に与えて、これによって貧しき者どもを貧しからざる者となして、長老大カーティヤーヤナ（Mahākātyāyana）のいるところにおもむいた[12]」

そうして出家した。

また特に出家修行者に対する施与が宗教的功徳をもたらすものだと考えられていた[13]。とくに修行者または聖者に施与するならば大なる果報をもたらすという[14]。

仏教教団が他の宗教から区別されたものとして確立していなかった最初の時期においては、真実の修行者に施与することが勧められ[15]、施与するに当たっては「あらゆる場合に心を浄からしめよ[16]」という。

「星運もよし、幸もよし、昼もよし、また覚めてよし。

刹那も善くて須臾《しゅゆ》もよし。清浄行者に献供せり[17]」

ここでは表現もいちじるしくバラモン教的である。

バラモン教では神々を祀り、祭火に供物（havya）を投ずるのがきまりであった。しかしそれは真実の供物ではない。真実の「供物」とは徳行の高い修行者に飲食物を与えることである[18]。ここではバラモン教の「供物」という語を用いながらその内容を改めてしまったのである。「百年のあいだ、月々千回ずつ祭祀を営むよりも、自己を修養した人を一瞬間でも供養する人のほうがすぐれている(19)」という。

とくに戒律をたもっている行者に施与することを賞讃する。(20) ある王がいう、「わが施与したものを性《たち》の悪い貪欲な奴らが貪っている。それはわたくしにはありがたくない(21)」。ある場合には貧民や旅人に施与することも並べてほめたたえている。(22)

かれらに施与すると功徳を生ずるから、かれらは「福田(23)」であると呼ぶのが、仏教ではその後通例となっている。仏教以前にはジャイナ教が「生まれと明知を具えたバラモンに施すと、種々の功徳（福）を生ずるから、かれらは〔福〕田である(24)」と説いていたが、それを受けているのである。教団は「福田(25)」であると考えられた。すなわち、それに施与の種をまけば、のちに福徳を生ずる田であるというのである。

修行僧に対する施与と教団に対する施与とは明確に区別されずに勧められている。

「かれらは幸せな人（sugata＝ブッダ）の弟子であり、施与を受けるべきである。かれらに施したならば大いなる果報をもたらす。この勝れた宝は〈つどい〉のうえにある。この真理によって幸せであれ(26)」

また教団に対する施与が強調された。(27) そうして教団がある程度確立したときには、仏と法と教団との三宝に対する施与を尊重するようになった。三宝に対する布施を行なったならば、寿命、容色、名誉、名声、安楽、力を増すという。(28) これはジャイナ教でも説いていることであるが、仏教でも同様のことをいうようになったのである。

原始仏教では在俗信者は僧院に種々のものを寄進するように定められているが、「病人を看病するために施与を行なう[29]」ということが勧められている。また釈尊も教団の中の修行僧が病気のときに看病したということが伝えられ、玄奘三蔵はその場所の址《あと》を実際に見たといって報告している。

今日、南アジア諸国においては、出家修行僧あるいは教団に対する寄進の習慣は盛んである。ミャンマーでは、金色燦然たるパゴダが天空に高くそびえているのが遠くからも望見される。シウェーダゴンなどのパゴダに信徒は金箔をおさめるが、それには個人名が刻せられる。それを高くそびえるパゴダの外側に貼るのである。

（1）atithidevo bhava, *Tait. Up*. I, II, 2.
（2）sikkhā-vaya.
（3）W. Schubring : *Die Lehre der Jainas*, S. 189.
（4）AN. VII, 44 vol. IV, pp. 44-45.
（5）『雑阿含経』第四巻（大正蔵、二巻二四下―二五上）。
（6）āhuneyyaggi（skt. āhāvanīya agni）.
（7）gahapataggi（skt. gārhapatya agni）.
（8）dakkhiṇeyyaggi（skt. dakṣiṇāgni）.
（9）SN. I, p. 100G.
（10）*Itiv*. 75G.
（11）kapaṇa-addhika-vaṇibbaka-yācaka. *Jātaka*, III, p. 470.
（12）*Divyāv*. p. 17.『根本説一切有部毘奈耶皮革事』巻上（大正蔵、二三巻一〇五二上）。

(13) 善人（santo）に施与することを貴ぶ（*Jātaka*, III, p. 47G.)。*DN*. No. 5, 13（vol. I, p. 137）.

(14) *SN*. I, p. 175G.; *Itiv*. 26G.; *Dhp*. 356-359; *AN*. III, p. 213G; *Therag*. 296, 336.

(15) *Sn*. 487-508.

(16) sabbatha vippasādehi cittaṃ（*Sn*. 506）.

(17) sunakkhattaṃsumaṅgalaṃ suppabhātaṃ suvuṭṭhitaṃ/sukhaṇo sumuhutto ca suyiṭṭhaṃ brahmacarisu//(*AN*. I, p. 294G.).

(18) *Sn*. 490-502. *Sn*. 487-509.も同様の趣旨である。

(19) *Dhp*. 106. cf. 107.

(20) *Jātaka*, III, p. 472.

(21) *Jātaka*, III, p. 470. II, 11-12.

(22)「われらは道の人・バラモン・旅人（addhika）・旅商人（vanibbaka）・乞食（yācanaka）・貧民（dalidda）を飲食もて供養する」(*Jātaka*, IV, p. 53G. cf. *DN*. I, p. 137)。

(23) puṇyakṣetra. cf. *MN*. III. pp. 254-255. なお大野信三『仏教社会・経済学説の研究』三〇ページ参照。

(24) Kheṭṭāṇi amhaṃ viiyāṇi loe jahim pakiṇṇāviruhanti puṇuā viruhanti puṇuā. je māhaṇā jātivijjovaveyā tāiṃ tu khettāi supesālaiṃ（*Utt*. XII. 13）.

(25) puññakhetta（*AN*. II, p. 35G.）puññakhetta anuttara（*Itiv*. 90G.）.

(26) *Sn*. 227.

(27) *AN*. IV, p. 292G.; *SN*. I, p. 233G.; *Sn*. 227（新層）.

(28) *Itiv*. 90G., p. 89. なお似た表現として「敬礼を守り、常に長上を尊ぶ人は四種のことがらが増大する。すなわち寿命と容色と安楽と力とである」(*Dhp*. 109. cf. *Manu*. II, 121 ; *MBh*. V, 1521)。

(29) *Abhidharmakośavyākhyā*, pp. 353-354.『中阿含経』第二巻（大正蔵、一巻四二七下—四二八下)。『増一阿含経』第三五巻（大正蔵、二巻七四一中—下)。『諸徳福田経』(大正蔵、一六巻七七七中)。cf.

Vinaya, vol. I, p. 221.

3　与える物と与える人

その際に与えるところのものは、物質的な財でもよいし、また労力による奉仕などであってもよい。人々にものを与える人は、人々から愛される。(1) もともと人は富が多い場合はとかく欲楽に耽り、あやまち易いものである。(2)

「おびただしい富あり、黄金あり、食物ある人が、ただひとり美味を食するならば、これは破滅への門である」(3)

ある物語によると、施与などの善業を行なわなかったために富商（seṭṭhi）が地獄におちたという。(4) まして他人の家に行って饗応された人が、来た客に返礼しないことは良くない。(5) 客人に対するもてなしが一般に賞讃されている。(6)

だから人にものを与えなければならない。〈最上の人〉(7) とは「法に従ってえたる富〔を散ずること〕によって、努力精励して得たるものを〔人に〕与う。かれは最上の思惟あり、疑なき人なり。幸ある場所(8)におもむき、そこに行きては憂いなし」(9) という。

ともかく財は宗教的な目的のために用いられねばならない。

「財物は受用せられ、われに災あるときに、用人と奴僕とに散ぜられた。

上方に進む布施が与えられた、また五つの献供もなされた。

戒めをたもち自制している清浄行者が近づいて来た。

家に住む賢者がそのために財を求めたところのその目的を、われは達した、なしとげた、もはや悔いることなし。

人がこのことを思いつづけて、すぐれた理法に安住したならば、この世において世人はかれを称讃し、死後には天の世界で楽しむ(10)」

人に何ものかを与える、施与するということは、必ずしも余裕のある人、富める人々のみが行ない得ることではない。それはひとえに各個人の心持ちのいかんによることである。

「ある人々は乏しい中から与え、ある人々は富みても与うことをなさず(11)」

「貧しくても施す人々もある。富んでいても与えるのを欲しない人々もある。貧しい中から与えた施与は、その倍に当たる(12)」

したがって、いかなる貧窮の人々でも、施与を行なわねばならぬ。

「蓄えが少しであれば少量を、中程度であれば中量を、多くあれば多量を与えよ。与えないということはあってはならない(13)」

だからこそ、貧女の一灯が賞讃される(14)。貧しき中からわかち与える、ということは、不滅の宗教的意義が存する。

「曠野の旅の道づれのように、乏しき中からわかち与える人々は、死せるもののあいだにあっても滅びない。これは永遠のことわりである(15)」

人生はさびしい旅路のようなものである。お互いに助け合って進もうではないか、というのである。

このような施与を行なう人は[16]「妻を養う人[17]」であるといわれているから、在家の信徒[18]であったのである。夫妻ともに恵み深く、もの惜しみの心を去れ。[19]こういう人々こそ真の智慧をもった人であると教えている。[20]

結局、原始仏教の説くところによると、富を得たならば、ただ蓄積しておくことは無意義である。自分も用い、他人にも用いさせ、有効に利用しなければならない。要するに、なすべきことをなす（kiccakara）のでなければならない。もしそうするならば、その人は天の世界におもむくという。[21]施与によって来世に安楽が得られるともいう。[22]

一般的に言うならば、「与える人には功徳（puñña）が増大す[23]」といい、施与を行なったならば「自己に関しても大なる効果あり[24]」という。すなわち世俗的道徳に宗教的意義を認めているのである。

とくに、人に何ものかを与えるということの精神的意義を強調する。「与える前にはこころ楽しく、与えつつあるときには心を清浄ならしめ（cittaṃ pasādaye）、与えおわっては、こころ喜ばし[25]」、また「法にかなって得た富を与えつつ、心を清浄ならしめる[26]」ともいう。

（1）　dadaṃ piyo hoti. AN. III, p. 40G.
（2）　SN. I, p. 74G 及び散文。
（3）　*Sn.* 102.
（4）　*Jātaka*, III, p. 299.
（5）　*Sn.* 128.
（6）　*Jātaka*, V, p. 388G.; atithibali. AN. II, p. 68.

（7） seṭṭho purisapuggalo.
（8） bhaddakaṃ ṭhānaṃ.
（9） AN. I, pp. 129-130G.
（10） AN. II, pp. 68-69G.
（11） SN. I, p. 18G.; p. 20G.
（12） *Jātaka*, IV, p. 65G.
（13） *Jātaka*, V, p. 387G.
（14）『賢愚経』第三巻（大正蔵、四巻三七〇以下）。
（15） SN. I, p. 18G.「およそわが弟子たる名のゆえに、この小さき者の一人に、冷やかなる水一杯にても与うる者は……必ずその報を失わざるべし」（『マタイ伝』第一〇章四二）。なお『マルコ伝』第一二章四一―四四参照。
（16） dāyaka（*Itiv.* 26G.）.
（17） SN. I, p. 19G.
（18） ある場合には布施を行ずる人々を王仙（rājisayo＝rājarṣayo）という（*Itiv.* 27G.）。
（19） AN. II, p. 59G.
（20） dhīro, medhāvī（AN. III, p. 42G.）.
（21） SN. I, p. 91G. このことは、ここの散文の部分に詳説されている。「法に適って得た富をもって精励により得た財を施す。その人は意思がもっともすぐれ、疑の意なく、妙なる場所（bhaddakaṃ ṭhānaṃ）に進み入り、そこに行きては憂うることなし」（AN. I, pp. 129-130）。「往きてなんじの所有を売りて貧しき者に施せ、さらば財宝を天に得ん」（『マタイ伝』第一九章二一）。
（22） *Dhp.* 177. このような見解は、のちの伝統的保守的仏教にもそのまま継承されている。例えば、人々に対して施与を行なって、その果報として現在世と未来世とにわたって「大財富を招く」ということは望ましいとされている（玄奘訳『倶舎論』第一八巻一一丁右）。

（23）*DN*. II, p. 136G. 施与の功徳については cf. AN. III, pp. 38-42.

（24）AN. III, p. 377G.

（25）AN. III, p. 337G.

（26）原文には dhammaladdhehi bhogehi dadaṃ cittaṃ pasādayaṃ（AN. III, p. 354G.）とある。ゆえに直訳すれば「法にかなってえた富を与える」のではなくて「法にかなってえた富を手段として与えるという行ないをなす」のである。

4　均分にともなう諸問題

施与するに当たっては、万人に与えること、すなわち均分（saṃvibhāga）が尊ばれている。均分は大なる果報をもたらすものであり、「清き心をもって吝嗇の汚れを払え」[1]という。「均分は最上の施与である」[2]。全然施与しない人は下劣な人であり[3]、またある人々には与えるが、ある人々には与えないという人も不充分である。

「すべての者に同情し[4]、豊かに食を恵むので知られた人は、悦びつつ散じ、『与えよ。与えよ』という」[5]

しかし万人に施与するということを強調するといっても、ただでたらめに誰にでも与えよ、というのではない。

「財を出すに奢に至らざれ。前にいる人を選択すべし。欺誑《ごおう》觝突《ていとつ》なるものには、むしろ乞うとも、ことごとくは与えざれ」[6]

「財を出して遠からしむることなかれ。また普漫《ふまん》せしむることなかれ。財を兇暴及び豪強なるものに与うべからず」(7)

すなわち、ここでは二つのことが目ざされている。

(1) まず第一に、やたらに人々に物を与えるのであってはならない。誰にでも物を与えるということは、誰にも物を与えない、というのと同じことになってしまう。

(2) 暴力を用いたり、脅したりして物を奪いとろうとする人に物を与えてはならぬ。脅迫に屈してはならない。

「施すに値わざる者に財を施し、施すべき者に与えざる者は、逆境にのぞみ不幸におちいりて、友を得ることなからん。

施すに値わざる者に財を施さず、施すべき者に与える者は、逆境にのぞみ不幸におちいりて、友を得るならん。

親しく交わり、食をともにし、特別〔な親愛の情〕を示すとて、性癖いやしき偽善者どもにありては益なし。心気高くまっすぐな人々に対してなされたらば、かくなる者に些細なこととて大いなる報いあらん。

以前に善を行ない、世にいとなしがたきことをなせし者は、後にさらになそうとなすまいと、非常な尊敬に値せり」(8)

こういうわけで、施与を大規模に実行するための組織的施設が設立されていた。クル国のインダパッタ(9)城の王は「都市の四門と市の中央と王宮の入口とに合わせて六つの〈施しの会堂〉

(dānasālā) をつくらせて、毎日六〇万の財を投げ出し、全インドに仕事の手を休ませるほどの施しをした[10]」。

八億の富を有するヴィサイハ[11]という富商が、施与を喜び「都市の四方の門と都市の中央と自分の家の門と、この六つの場所に〈施しの会堂〉を設けて施しを行なった。毎日六〇万金が出ていった。食事といえば、かれも乞食も同じものであった[12]」。

また、あるバラモンが同様のことを行ない、とくに貧困者と旅人に施与を行なった[13]。

ところで、万人に与えるということになると、多くのインド人が行なうように出家者にだけ与えるということは偏っている。ある場合には道の人とバラモンと貧しい人々と旅人とに、飯と飲料と食物とを均分することを称讃している[14]。道の人とバラモンと食を乞う者とに食を与える人は、死後天の世界におもむくが、これに反して嘲り罵り食を与えぬ人は、死後恐ろしい地獄におもむくという[15]。もしも必要とあれば生命を与えることさえも称讃されている[16]。

さて、与えるものが豊かであるときには、万人にひろく与えることができるが、物が限られているときにはどうしたらよいか。

のちの経典では、下人下僕に与えるよりも、道の人（沙門）すなわち出家修行者に与えたほうがよい[17]、という。ある場合には詩句においては出家修行僧にのみ与えることを強調し、散文の付加文では五つの施しを説いている。

「適時になすべき五つの施しがある。……（1）来る人に与える。（2）去る人に与える。（3）病人に与える。（4）飢饉のときに与える。（5）新しい穀物・新しい果物を、まず第一に戒めをたもっている人々（＝出家僧）に供える」

すなわち、世俗人一般の中で困窮している人々を対象としながら、なお出家の僧侶を優先的に扱っているのである。

ここには教団意識が露骨に現われていると思って、近代人はこういう主張に対して嫌悪を感ずるかもしれない。しかし、ここで後代の大教団の僧侶を連想してはならない。当時の宗教者は貧しい簡素な生活を送りながら、しかも戒律を守っていたのであるから、当時の世人はこういう主張をすなおに受け容れたことであろう。

また、ただ施与するといっても、物を与えるだけで良いというのでもない。戒めをたもっている人が同様に戒めをたもっている人に与えるのが理想的な形態である。

「（1）戒めをたもっている人が、たちの悪い人々に与えるならば、かれは正しく施与して、心喜ぶ、――〔施与という〕行為が広大な果報を生ずることを信じているから。

このような施与は施与者に関して清浄となる。

（2）たちの悪い人が、戒めをたもっている人々に与えるならば、かれは不正に施与して、心が喜ばない、――〔施与という〕行為が広大な果報を生ずることを信じていないから。

このような施与は受者に関して清浄となる。

（3）たちの悪い人が、たちの悪い人々に与えるならば、かれは不正に施与して、心が喜ばない、

〔施与という〕行為が広大な果報を生ずることを信じていないから。

このような施与は、〔施与者と受者との〕両者に関して清浄とはならない。

（4）戒めをたもっている人が、戒めをたもっている人々に与えるならば、かれは正しく施与して、心喜ぶ、――

〔施与という〕行為が広大な果報を生ずることを信じているから。

このような施与は広大な果報がある、とわれは説く。

（5）貪欲を離れた人が、貪欲を離れた人々に施与するならば、かれは正しく施与して、心喜ぶ、

〔施与という〕行為が広大な果報を生ずることを信じているから。

このような施与は実に広大な財施である、とわれは説く[18]」

これらの詩句に対する散文の説明では四種の施与の様式があるといって、第五を省いている。理論的につきつめて考えると、第四と第五とは同じことになると考えていたのであろう。

施与の強調についても、歴史的発展の経過を認めることができる。『テーラガーター（長老の詩）』『テーリーガーター（長老尼の詩）』には、布施を称讃する思想はほとんど現われていない。また『スッタニパータ』にもほとんど現われていない。『サンユッタニカーヤ（相応部）』第一篇（Sagātha-vagga）に現われる施与の思想は非常に精神的である。しかるに後世の経典ほど物質的な施与を世俗人たちに向かって賞讃している。これは、おそらくマウリヤ王朝以後教団の拡張とともに、在俗信者の財的援助を必要とするに至ったからであろう。また最初期の経典（『スッ

タニパータ』や『サンユッタニカーヤ』第一篇）では、まだ仏教教団が確立していなかったから、まじめな宗教者一般に対する施与を説いているのに対して、のちの経典では、特定の宗教教団としての仏教教団（サンガ）に対する施与を勧めている。

原始仏教は富の蓄積を説きながら、しかもその財富をば万人に享受せしめよ、と説く。したがって、原始仏教の経済倫理が資本主義的であったと呼びうるにしても、それは一切の生産手段を少数の資本家が独占するという意味の資本主義とはいちじるしく意味内容を異にするものであるということは、何人も認めねばならぬであろう。ある点では、いわゆる社会主義的な考えかたに近いものとも言いうるであろう。それ以上個々の具体的な経済問題についての当時の仏教徒の思想は、詳細不明である。しかしながら、われわれは、以上に検討した原始仏教の経済倫理を「初期資本主義的」と名づけることは、おそらく何の妨げも存しないであろう。これを、こころみにメソジズムの開創者ウェスレーの次の言と比較してみよう。

「われわれはすべてのキリスト者に、できるかぎり利得するとともに、できるかぎり節約することと即ち結果において富裕となることを、勧めねばならない」〔この文章の前には「できるかぎり利得するとともにできるかぎり節約する」ものは、同時に「できるかぎり他に与える」ことによって、恩寵をまし加えられ、天国に宝を積まねばならぬ、という勧めが書かれている〕(19)。

ウェーバーはこの思想を資本主義の精神とみなしている。しからばわれわれは少なくとも論理的にはそれと同様の主張を、原始仏教のうちにも見出しうると言いうるであろう。

従前のバラモン教においては、もっぱら呪術的な祭祀を重視して、そこに宗教の中心的意義を認めたのであったが、仏教では「与える」という行為に神聖な宗教的意義を認めて、それをバラモン教の祭祀にかわるべきものだと考えた。だから施与の行為を「祭祀」(yañña) と呼び、またバラモン教で行なううがい(咳嗽)に比している。[20] また、ある場合には「豊かな大供儀も施与されたものには及ばない」[21] という。

「この莫大な、費《つい》えの多い祭祀がかの正しい人の施与に比し得る価値がないのはなぜであるか? いく千という祭祀を行なっても、このような施与の一六分の一にも値しないのはなぜであるか?」[22]

西洋においてはユダヤ教およびキリスト教の反魔術性 (Magiefeindschaft) の精神が資本主義の成立に大いに力があったと考えられている。[23] ところが原始仏教の場合には、前の例に見られるように、反魔術性を婉曲なことばを用いて表現し、実質的に実現しようとした。すなわち仏教はバラモン教の呪術的用語を継承しても、その内容を改めて実質的には中和してしまったのであった。ところが教団の発展とともに新たな魔術性が芽を出してきた。たとえば「商人のうちに成功するものと失敗する者とがあるのは、宗教者 (samaṇa) やバラモンにかれらの欲するものを与えるか否かによる」[24] などと説かれるようになった。この魔術性は後代の大乗教、ことに密教では大規模に発展するに至るのである。[25]

(1) *Itiv.* 26G.
(2) *Itiv.* 98G.
(3) purisādhama.

（4） sabbabhūtānukampaka.

（5） *Itiv.* 75G.

（6）『善生経』I（『長阿含経』第一一巻、大正蔵、一巻七二中）。近世初期のプロテスタンチズムの指導者によっても同様のことが主張されている（R. H. Tawney : *Religion and the Rise of Capitalism*〔Mentor Book〕. New York. 1947, p. 220f.）。

（7）『善生経』II（『中阿含経』第三三巻、大正蔵、一巻六四二上）。

（8） *Jātaka*, III, p. 12G.

（9） Indapatta（=skt. Indraprastha）. 叙事詩で有名な城市であり、現在のデリー市の郊外に昔の Indraprastha 城の遺跡だと称する残塁がある。

（10） *Jātaka*, II, p. 367. 他の王についても同様に伝えられている（*Jātaka*, IV, p. 176）。

（11） Visayha.

（12） *Jātaka*, III, p. 129. cf. V, p. 383. また八億の資産ある富商が門の前に施しの会堂をつくった（*Jātaka*, III, p. 301）。ある富商は施しの会堂を建てて一生涯施与を行なった（*Jātaka*, IV, pp. 62-63）。

（13） *Jātaka*, IV, p. 15.

（14） *Itiv.* 75G.

（15） SN. I, p. 96G. 天の世界をここでは tidiva ṭhāna という。

（16） SN. I, p. 224G.

（17） SN. I, p. 92. 散文。

（18） *MN.* III, p. 257.

（19） マックス・ウェーバー、梶山訳『プロテスタンチズムの倫理と資本主義の精神』二三五ページ。なお大塚久雄著『宗教改革と近代社会』四七ページ以下参照。

（20） *AN.* III, p. 337G.

(21)　SN. I, p. 19G.
(22)　*Jātaka*, IV, p. 66G.
(23)　Max Weber : *Wirtschaftsgeschichte*, S. 307f.
(24)　AN. II, pp. 81-82.
(25)　新教的禁欲主義の経済倫理は、啓蒙主義によってその宗教的意味から脱却させられた（Weber: *Wirtschaftsgeschichte*, S. 314f）。ところがインドの Lokāyata はかかる役割を果たさなかった。

三　財の意義

ところで最後に問題が残る。仏教徒にとって、財はなぜに追求されるべきものであるか、財の効用、意義いかん、ということが問題になる。手足を労し努力して正しい方法によって財を獲得するということは良いことである。それによって第一に父母に孝養をつくして安楽たらしめることができる。第二に妻子・親族・使用人・客人に対しても適宜ものを与えて安楽ならしめることができる。第三に聖者たち（バラモン・道の人）を尊敬し供養することができる[1]。さらに他の詳しい説明によると、財産の意義について、経典のうちにあちこち散説していたことがらをまとめて、〈財産を獲得すべき理由〉を次のように五つにまとめて説いている。

「実に、資産者（gahapati）よ。財産を獲得すべき理由は次の五つである。その五つとは何であるか？　この世ですぐれた信徒は、努力精励し、汗を流し、腕の力によって正しく財を集め、法にかなって得たその財をもって、

㈠自分を楽しましめ、豊かにならしめ、正しく幸福をまもる。父母を楽しましめ、豊かならしめ、正しくその幸福をまもる。妻子や奴僕や使用人を楽しましめ、豊かならしめ、正しくその幸福をまもる。これが財産を獲得すべき第一の理由である。

㈡また〔その財をもって〕友人や知己を楽しましめ、豊かならしめ、正しくその幸福をまもる。これが財産を獲得すべき第二の理由である。

㈢また〔その財をもって〕火・水・国王・盗賊・好ましからぬ相続者からのあらゆる災害のあるとき、財によって防御していて、自分を無事安全ならしめる。これが財産を獲得すべき第三の理由である。

㈣また〔その財をもって〕五つの献供をなす。すなわち〔財をもって〕親族への献供と客人への献供と亡き祖先への献供と王国への献供と神々への献供とをなす。これが財産を獲得すべき第四の理由である。

㈤また〔その財をもって〕修行者（samaṇa 沙門）・バラモンが驕り怠惰を離れ、忍びやわらぎに安住し、自己を一つのものとして調え、自己を一つのものとして静かならしめ、自己を一つのものとして安泰ならしめるならば、このようなあらゆる修行者・バラモンに対して、高きに進み天国に生まれ、楽の果報あり天国の妙を招く施物を捧げる。これが財産を獲得すべき第五の理由である(2)」


ある場合(3)には理由の㈠と㈡と合せて説かれているのに、ここで分けられているのは、自己・父母・妻子・奴僕・使用人は共同体（Community, Gemeinschaft）に属するが、友人や知己はそうではないと考えて区別しているのであろうか。

ここでは財産の利他的社会的効用がかなり強く表明されているが、さらに自分自身の問題としても、財産をもつというのは楽しいことであるとしてその感懐がのべられている。[4]

「借金のない楽しみを知って、財産があるという楽しみを想い起こせ。

人は財産の楽しみを享受して、また智慧もて観ずる。

智者は両方の楽しみを観て、知る、──これは罪なきことの楽しみの一六分の一にも及ばないと」

この詩句においては、道徳的に罪のないことの楽しみのほうが世俗的な財産の楽しみとは比べものにならないほど高級なものであるということを説いているのであるが、散文の解説の部分になると、ただ次のように併列しているだけである。

「愛欲を享楽する在家の人は時にふれ機会に応じ、これらの四つの楽しみを享受する。

その四つとは何であるか？　それは、財産所有の楽しみと、享受することとの楽しみと、負債のないこととの楽しみと、罪のないこととの楽しみである」

（1）〈財産所有の楽しみ〉とは何であるか？　この世においてりっぱな人に、努力し精励し、腕の力で集め、汗を流してえた、正しいと認められた、法にかなってえた、財があったとしよう。そこでかれが「わたしには、努力し精励し、腕の力で集め、汗を流してえた、法にかなってえた、正しいと認められた財がある」と思って、楽しみを味わい、愉快に感じるならば、これが〈財産所有の楽しみ〉[5]であるといわれる。

（2）〈財産を享受することの楽しみ〉とは何であるか？　この世においてりっぱな人が、努力し精励し、腕の力で集め、汗を流してえた、正しいと認められた、法にかなってえた、財をもって、もろもろの財を享受し、善いことをしたとしよう。そこでかれが「わたしは、努力し精励し、腕の力で集め、汗を流してえた、正しいと認められた、法にかなってえた財産をもって楽しみを享受し、善いことをしている」[6]と思って、楽しみを味わい、愉快に感じるならば、これがかれの〈財産を享受することの楽しみ〉[7]であるといわれる。

（3）〈負債のないことの楽しみ〉とは何であるか？　この世において、りっぱな人が、なんぴとにもいかなる負債をもたず、多くも少なくも借りていないとしよう。かれが「わたしは、なんぴとにも負債をもたず、多くも少なくも借りていない」と思って、楽しみを味わい、愉快に感じるならば、これがかれの〈負債のないことの楽しみ〉[8]であるといわれる。

（4）〈罪のないことの楽しみ〉とは何であるか？　この世において、すぐれた弟子が、罪なき〈身の行為〉を具現し、罪なき〈ことばの行為〉を具現し、罪なき〈心の行為〉を具現していたとしよう。かれが「わたしは、罪なき〈身の行為〉を具現し、罪なき〈ことばの行為〉を具現し、罪なき〈心の行為〉を具現している」と、思って、楽しみを味わい、愉快に感じるならば、これがかれの〈罪のないことの楽しみ〉[9]といわれる。

このように併列されているが、しかし（1）～（3）は純世俗的な楽しみであるから「良家の子」(kulaputta) すなわち資産家の経験することであり、（4）は「すぐれた弟子」(ariyasāvaka) すなわち宗教信仰をもっている人の経験することであるとして区別しているのである。そうして財産のうちでも、世俗的な財産よりも精神的な財産を尊んでいるのである。

こういうわけで、仏教は財を絶対視していたのではない（この点は唯物的な近代人とは異なる）。財を獲得すべきことを強調している反面では、財がいつかは消えてなくなるものであるということも[10]併せて説いている。無常説の立場からは当然の結論であろう。

富を蓄積するためには財を大切にせねばならぬはずであるが、このことはインドではあまり強調されず、とくに日本で強調されたようである。

日本人のあいだにとくに顕著な経済観念として「勿体ない」ということがある。これはインドやシナに由来した語ではない。「勿」はもともと「無」の意味であり、茶書である「草人木」などには「勿体」は「物体」の当て字として「物の形」を意味したらしい。そこで「勿体ない」は、

①おおげさで、あるべきさまをはずれていて不都合である。不届である。

②おそれ多い。身に過ぎてかたじけない。

③惜しい。使えるものが捨てられたり、働けるものがその能力を発揮しないでいたりして、惜しい感じである。

と、意義が変化した。③の用例は、太平記、浮世草子に出ている（岩波書店『岩波古語辞典』、小学館『日本国語大辞典』による）。

物を大切にするということがインドではさほど強調されず、日本でとくに強調されたわけは、次のような事情によるのであろう。暑熱の国インドでは、財は人間が努力してつくり出すものというよりは、自然が恵んでくれるものである。そこで、インドでは生産の道徳よりも分配の道徳

のほうが重要視された傾向があった。ところが日本のような風土では、人間が働かねばならぬ。財は勤労の結晶である〔例えば、古代インドでは、稲はひとりでに実を結ぶものであった。しかし日本では、米は農民の辛苦の結晶である〕。

したがって、財をムダにするということは、人の労力を浪費することになる。「勿体ない」という観念が日本人のあいだに定着しているのは、そういう事情によるのであろう。

ところで財はこのようにわれわれにとって有用なものであるが、われわれがとくに尊重すべきは財そのものではなく、財を求める意志的努力である。仏教徒たるものは、「財が減じたときには『ああ、財を取得する原因をわたくしはすべて実践した。しかるにわたくしの財は減じた』といって悔いることがない。また財が増すと、『ああ、財を取得する原因をわたくしはすべて実践した。そうして、わたくしの財は増した』といって悔いることがない。二つながら悔いることがない」[11]。だから友人が財を失ったからといって軽蔑してはならない[12]。仏教倫理は最初から結果論よりもむしろ動機論の立場に立っていたから、その立場にもとづくかぎり、これも当然の立場であろう。

したがって仏教においては財を尊重しながらも、しかもそれに対する執着を離れることを説くのである。在俗信者であっても、財に対する執着を離れることが、他のもろもろの徳の根本となるのである。

「マハーナーマンよ、聖なる弟子は自己の捨て与えることを心の中に思っていう、『ああ、われに利がある、ああ、われによく得たものがある。われは慳吝の垢にまといつかれた衆の中にあって、慳吝の垢を離れた心をもって家に住み、気前よく施し、その手浄く、頒布を楽しみ、他の人が乞い易く、財を均分することを楽しむ』と。……聖なる弟子が捨て与えることを心の中に思うとき、かれの心は貪欲にまとわれず、かれの心は瞋恚にまとわれず、かれの心は迷いにまとわれず。かれの心はそのとき捨て与えることによって真直《まっすぐ》である。……心の真直な聖なる弟子は義についての熱意を得、法についての熱意を得、法によってひきおこされた嬉しさを得、嬉しくなったときに喜びが生じ、心の喜んだときに身体が軽やかになり、身体が軽やかになった人は安楽を感受し、安らかとなった人は安楽を感受し、安楽となった人の心は統一される(13)」

そこで以上に説かれていることを要約すると、原始仏教聖典のうち次の句がその要点を示してくれているであろう。

「ここである人はもろもろの欲望を享受するのではあるが、(一)法により暴力を用いないで財を求める。(二)法により暴力を用いないで財を求めて、自己を安楽にし、強め、(三)配分した福をつくる。(四)またこれらの財を貪らず迷わず、罪に堕しない。〔これらのものについて〕患いを見て出離の智慧を得て受用する(14)」。そうしてこの四条件のいずれを欠いてもならぬという。

だから財は究極においては宗教的な目的を達成するための手段であると考えられていた。

「セーナカは尋ねた。『そもそも男はどこに依りどころを見出すべきでありますか？』『真実のうちに、であります』『真実に安住してから何をなすべきでありますか？』『財産をつくるべきであります』『財産をつくってのち何をなすべきでありますか？』『聖典を学ぶべきであります(15)』」

現世において幸運を享受し、来世においては天に生まれることができるともいう。「戒を具えた信仰ある人」は「寿命と名誉と容色と安楽と財宝とに富み栄え、死んだならば天に楽しむ[16]」。

（1）『雑阿含経』第四巻（大正蔵、二巻二四下―二五上）。

（2）cf. AN. II, pp. 67-68. AN. III, pp. 45-46 もほとんど同文。ここに挙げた五項のうち第一と第五とはAN. III, p. 259 にも出ている。なおAN. III, pp. 76-78 の文も併せて綿密に検討されるべきである。

（3）AN. II, pp. 67-68.

（4）AN. II, pp. 69-70.

（5）atthisukha.

（6）puñña.

（7）bhogasukha.

（8）anaṇasukha.

（9）anavajjasukha.

（10）財のすぐれた意義を説くとともに、また「財貨の五つの患い」として「財貨は火と共なり。財貨は王と共なり。財貨は賊と共なり。財貨は好ましからぬ相続者と共なり」という（AN. III, p. 259）。

（11）AN. III, pp. 45-46.

（12）AN. IV, p. 31.

（13）AN. III, p. 287.

（14）SN. IV, pp. 332-333. テモテ前書第六章一七―一八参照。

（15）*Jātaka*, VI, pp. 378-379.

（16）AN. III, p. 34G.『中阿含経』第三七巻（大正蔵、一巻六六〇中）。AN. IV, pp. 289 ; 322 ; 325 のガーターもほぼ同趣意である。

四　生産の問題

出家修行者は生産を抛棄するというので、すでに当時の人々から非難されていたが、[1]しかし原始仏教では修行者が生産にあずからないことを悪とは考えていなかった。

南アジアの諸国において僧侶の数が多く、かれらが生産から遊離していることが、今日でも非難されている。これは近代的建設を遅らせる原因となっているというのである。しかしこれらの諸国でこのような習俗が多年にわたって維持されたということには、それだけの社会的理由もあったようである。

南アジア諸国では出家して仏教僧となることはきわめて容易であり、また還俗することも容易である。人は一生に一度は仏門に帰して出家者となるべきであるとされているほどである。それは他面経済的観点から見ると、失業問題の救済策にもなっている。世俗にいる必要のない人が仏門に入っておれば、戒律を厳守するので非行に陥ることなく、したがって出家ということが社会的な安全弁となっているのである。いわゆる先進文明諸国に非行や犯罪の多いことを考え合わせると、南アジア諸国の習俗は一概に非難するわけにもいかないであろう。

原始仏教においては、分配面の道徳が強調されている割合に、生産面の道徳の説かれていることは比較的に少ない。しかし絶無ではない。ある場合には業務を二種に分類して、「ことがら多く、なすべきこと多く、営務多く、努力多き業務」と「ことがら少なく、なすべきこと少なく、営務少なく、労力少なき業務」とし、前者は耕作、後者は商業であり、いずれも実行すれば偉大な果報がえられるが、実行しなければ偉大な果報がえられないという。[2] 農民は勤倹精励によって王の財を増大すると考えられていた。[3]

政治面に関連して次のような教説が伝えられている。釈尊はある王の顧問である一人のバラモンに対して次のように教えたという。——昔マハーヴィジタ[4]という王が大規模な祭祀を行なおうとした。しかし、王の顧問（帝師）[5]であるバラモンは、その国王に対して次のように言った、「王の国内には殺傷や略奪が多い。ここで税を取り立てるならば、王は不法行為者[6]となるであろう。刑罰の強行によってかかる犯罪を少なくしようとするのは、良くない。むしろ次の方策によれ、『王さまは王さまの国土の中で農耕・牧畜に励む者には種子や食物を給し、商業に励む者には資金を給し、官職に励む者には食事と俸給とを準備なさい。これらの人々が各自の職業に没頭するならば、王の国土を悩ますことはないでしょう。しからば王には大なる富が蓄積されることになります。安寧を保っている国土には、災厄なく、人々は歓喜して、きっと胸に子どもを踊らせながら家の戸を閉すことがないでしょう』」と。そこで国王がこのバラモンの教えのとおりに行なったところが、はたしてその言のとおりになったと伝えられている。[7]

昔のシナの民衆の理想は「鼓腹撃壌《こふくげきじょう》」ということであった（『十八史略』堯帝の条）。それは十分に食べて、腹つづみを打ち、満足して大地をたたいて、よろこび、うたう、ということであった。泰平の世の理想がことに具象的に表現されている。前掲の仏典の所収はちょうどそれに対応しているのである。

また次のような教説も存する。[8]

「園[9]に植え、林[10]に植え、橋[11]を作り、
井戸の舎[12]や貯水池[13]をつくる人々と休息所[14]を〔つくって〕与うる人々、
かれらの功徳[15]は昼夜に常に増大する。
それらの人々は、法を求め、戒めを身にそなえて、天におもむく[16]」

なお右の詩句の諸漢訳では、さらに「船をつくる」ことも称讃されている。

ここには明らかにつくることの道徳が説かれているのであるが、しかし右に列挙されているものを検討してみると、主として交通路の設定に寄与するものが挙げられているのである。これはインド農村社会の孤立性・閉鎖性を打破することによって、自己の活動範囲を拡張しようとしていたインドの商工業者の社会理想が、かかるかたちで表明されているのであると考えられる。特に当時の社会においては隊商が重要な意義をもっていた[17]。

ところが後代になると、教団中心に考えるようになったため、右の詩句も教団への施与と結びつけて説かれ、右の詩句の前に「塔を起こし精舎を立て、園と果〔実〕とを清涼なる人に施す[18]」という句をつけ加えている。

そうしてこういう施設を、特に宗教家のために造って与えるべきであると説いている場合も多い。

「いかなる人でもこの世において道徳をまもる在俗信者は、
園林と井戸と給水の道とを、

清冷となった尊敬すべき人々に、尊敬をもって給し、また衣と食物と医薬品と坐臥の具とを、清く澄んだ心で正しい人々に施与した[19]」

在俗信徒はまず、（1）土地を寄進して園林をつくる。（2）その園林の中に僧院を建設する。（3）その僧院に臥具を与える。（4）そこでつねに乞食がなされ得るようにする。（5）時おりそこにおもむいて施与を行なう。（6）病人を看病するために施与を行なう。（7）諸種の食物を与える。これらはすべて功徳を生ずることである[20]。

後代の大乗仏教になると、特に奉仕（sevā）の意義を強調するのであるが、そのような志向がすでにそこに現われているということができるであろう。

ところで、仏教はなにゆえに生産に関する倫理をそれほどに説かないで、もっぱら分配面の道徳のみを強調したのであろうか？

それはけっきょくインド経済の風土的性格から理解せねばならぬであろう。インドではその風土のゆえに衣食住に関してさほど心を労しないで暮すことができる。インド人はほとんど衣類を要せず、また住居に関しても多くは小さな家屋に住んでいる。食糧生産には人為的努力をさほど要しない。稲は一年に二度収穫があるということは、ギリシア人メガステネースにとっては驚異的事実であった。このような社会においては、「つくる」道徳よりも「わける」道徳が強調されたのは当然であろう。

しかしそれと同時にこの態度がまた、後代のインド経済の弱点を醸成することになった。単に「わける」道徳のみによっては増大する人々を養いきれないのである。飢饉や自然の災害は人口増大を食いとめる原因とはなっていたが、今日では災害対策の進歩とともに人口は急激に増大しつつあり、新たに「つくる」道徳が積極的に提唱されている。伝統的なインド経済思想がここで大きな反省に当面しているのである。

ただし生産に関する具体的な方策の詳細に関する規定の欠如については、次のように解することもできる。産業の振興の問題については、当時の仏教学者は独自の理論を有しなかった。すなわち一部のバラモンの説いたそれ、ないし当時のインドの自然学の知識をそのまま採用していたのである。特に生産の増加という問題については、当時の一般インド人の行なっていた方策に従い、それを是認していたのである。だからそのために特別の方策も詳論されていないのであると考えられる。

仏教が分配面の道徳を強調し、交通路の設定に熱心であったということは、その世界性の理解のために重要である。その姉妹宗教であったジャイナ教も商人のあいだに信徒をもっていた。しかしジャイナ教では信徒が活動してよい方角または地域に関して一定の制限を設けている。(21) またジャイナの出家修行僧はむやみに旅行することは許されない。(22) ところが仏教にはこういう制限がない。仏教修行僧は〈四方の人〉(cātuddisa) であり、地域にとらわれず、国籍を超越し、そこにはコスモポリタンの理想が生きていた〔唐招提寺の「招提」とはcātuddisa の音写である〕。当時あらわれた諸宗教のうちで仏教のみが世界宗教となり得た理由の一つはここに存するのであろう。

（1）　拙著『宗教と社会倫理』六四ページ。

（2） *MN*. II, pp. 197-198.
（3） 王に向かっていう、「ここにあなたの臣下である一農夫があったとしよう。かれは家業の主であり、租税を納めて、あなたの財宝を増大した」（*DN*. I, p. 61)。
（4） Mahāvijita.
（5） purohita.
（6） akiccakārin.
（7） *DN*. I, p. 135 (Kūṭadanta-suttanta).『長阿含経』第一五巻『究羅檀頭経』。
（8） *SN*. I, p. 33G. これに対する相当漢訳文は『長阿含経』第二巻『遊行経』（大正蔵、一巻一四中）、『雑阿含経』第三六巻（大正蔵、二巻二六二中）、『摩訶僧祇律』第四巻（大正蔵、二二巻二〇六中―二六二上）、『四分律』第三三巻（大正蔵、二二巻七九八中）。ある場合には池をつくることが賞讃されている（*Jātaka*, V, p. 374, v. 57)。アショーカ王の摩崖詔勅第一二章、『石柱詔勅』第七章参照。
（9） ārāma.
（10） vana.
（11） setu.
（12） papā. 漢訳の「福徳舎」がこれに当たるか？ *SN* に対する註解には pānīya-dāna-sālā と註解されている（cf. *PTS Dict*. s.v)。
（13） udapāna.
（14） upassaya. 漢訳には「客舎」とある。
（15） puñña.
（16） saggagāmin.
（17） 原始仏典にあらわれた隊商の意義については、梶芳光運博士の論文（『結城教授頌寿記念仏教思想史論集』大蔵出版、昭和三九年三月）、一一一―一一四ページ参照。

（18）『諸徳福田経』（大正蔵、一六巻七七七中）、註（20）に挙げた漢訳の諸出典参照。

（19）*Jātaka*, VI, p. 120, vv. 103–105 ; p. 121, vv. 111–113 ; p. 122, vv. 120–122 ; p. 123, vv. 129–131 ; p. 123, vv. 136–138.

（20）*Abhidharmakośavyākhyā*, pp. 353–354. 『中阿含経』第二巻（大正蔵、一巻四二七下―四二八下）、『増一阿含経』第三五巻（大正蔵、二巻七四一中下）、『諸徳福田経』（大正蔵、七七七中）。cf. *Vinaya*, I, p. 221.

（21）disi-vvaya (Schubring : op. cit. S. 188).

（22）desāvagāsiya (Schubring : op. cit. S. 189). 今日でもジャイナ教の修行者（sādhu）は、汽船に乗ったり飛行機に乗ったりして海外に出かけることは戒律によって許されていない（ただしyatiという階級の修行者は許される）。だからジャイナ教は海外諸国にはひろまらない。

五　職業の種別

このように仏教では世俗の職業における精励努力を強調しているが、それはとりも直さず行為を強調する立場である。積極的な行為の強調の思想は、とくにアショーカ王の詔勅において顕著であり、また『バガヴァッド・ギーター』において説かれている。[1]
バラモン教の設定する社会制度にもとづく職業の区別がすでに行なわれていたことは、物語のうちに言及されている。

「聖者はヴェーダの学習に、王は地の領有に、庶民（vessa）は農耕に、隷民（sudda）は人々への奉仕に、とおのおの領域のままに従事した(2)」

しかし仏教はこの区分を容認しない。

「もしも、バラモンが語ったように、このことばが真実であるならば、王族の生まれでない者は王位が得られないことになるだろう。バラモンの生まれでない者は聖句を学ぶことがないであろう。庶民以外には耕作を行なう者はないであろう。隷民は他人への奉仕から免れ得ないであろう(3)」

しかしそれは誤っている。それは事実に反している。

「チャンダーラの子であっても、賢明で知能があるならば、ヴェーダを学習して呪句を語るであろう(4)」

職業を神聖視する思想は、バラモン教の『法経』のうちに現われている。「職人の手は常に清浄である(5)」といい、同様に酒造場以外のすべての仕事場も清浄であるとされている(6)。原始仏教においては、それと同様に職業倫理が強調されていたが、しかしすべての職業が神聖視されていたのではなかった。ある種の職業は、好ましからぬものと見なされていた。猟師に向かって教えていう、

「猟師よ。耕作、商業、金融、落穂拾い(7)、これらによって妻を養え、再び悪をなしてはならぬ(8)」

ここでは、狩猟は悪い職業と見なされ、これに反して耕作と商業と金融と落穂拾いとは、主要な生活法（ājīvamukhāni）であって、この正しい生活（sammājīva）によって妻を養え、と教えているのである(9)。ある場合には「正しい商売を行なえ(10)」と教えている。とくに商業を問題とし

て、その合法性を強調していることは注目すべきである。これは、当時商業資本の台頭しつつあった歴史的現実に対応するものである。経典のうちのやや遅い部分に正しい職業として言及されているものは、農業・商売・行商・牧畜・金貸・貸家業・建築師・官吏・武術・書・計算・絵画の技術などである。[11]耕作[12]・商売[13]・金貸[14]・収納業[15]が正しい職業として言及されていることもあり、[16]また耕作・商売・牧牛[17]・射技[18]・官吏[19]、あるいは他の一つの技術（sippa）に精励することを称讃している。[20]

正しい商売に対して「正しくない商売」として禁止しているものは次のごとくである。「この五つの商売は在俗信者（upāsaka）のなしてはならないものである。その五つとは何であるか？　武器の売買、生きものの売買、[21]肉の売買、酒の売買、毒の売買である」。[22]

酒は人間を怠惰放縦ならしめるからその売買を禁じたのであるが、その他は生きものを害する行為と関係があるから、これを禁じたのである。かかる職業禁止規定の根柢には在俗信者のための不殺生戒と不飲酒戒の精神がひそんでいるのである。

当時のバラモンは水浴によって罪や汚れを除去し得ると考えて水浴を盛んに行なっていたが、プンニカー[23]という尼僧は、それを非難して、次のような言を発したと伝えられている。

〔プンニカー尼はいった、〕「そもそもだれが、無知でありながら無知なる者に『水浴することによって悪業から脱れることができる』ということを説いたのですか？

さて、〔もしそうであるならば、〕蛙も、亀も、龍も、鰐も、そのほかの水中にもぐるものどもも、すべて天界におもむく（天に生まれる）ことになりましょう。

また、〔もしもそうであるならば〕屠羊者も、屠豚者も、漁夫も、猟鹿者も、盗賊も、死刑執行人も、そのほか悪業をなす人々は、すべて、水浴によって悪業から脱れることになりましょう(24)」

この文からみると、盗賊はいうに及ばず、たとい合法的な職業であっても、死刑執行人(25)は人を殺すのであるから、やはり「悪を行なう者」なのである。また屠殺業(26)すなわち殺生を職業としているものも、同様に悪業を行なう者なのである。仏教は猟師の仕事をやめさせようと努めた(27)。仏教の職業倫理説が慈悲の精神にもとづいているために、このような結論が導き出されたのであろう(28)。

また経典の中では世俗の若干の職業に言及して、その職業生活の意味を否定している個所がある。

俳優村の村長（naṭagāmaṇi）であるタラプタ（Talapuṭa）が、釈尊のところへ来ていった(29)。

「尊い方よ、昔の累代の師である俳優たちが語るのを、わたくしは聞いたことがあります。――『劇場の中で、会堂の中で真実と偽装とによって人々を笑わせ楽しませる俳優は、身体が破壊してから死後に戯笑天（Pahāsā devā）に生まれて、かれらと共住することになる』と。尊師はこれについて何とおっしゃいますか？」

釈尊は笑った、「止めよ。村長さん。これをそのままにしておけ。このことをわたしに聞きなさるな」。

右と同じ問答が二回くりかえされる。ついに釈尊は、昔の人々でも貪欲と瞋恚と愚癡とに束縛されていたということを明かす。そうして俳優一般の信じている前掲の信仰内容は誤りであるという。

「かの俳優はみずから陶酔し、わがままとなり、他人を陶酔せしめ、わがままならしめ、身体の破壊したのちに、死後に、〈戯笑〉(Pahāsa) という名の地獄があるが、そこに生まれる」。これを聞いて、タラプタ村長は出家して、釈尊の弟子になったという。

次に戦士 (yodhājīva) である村長も同様の信仰をもっていた。戦場で死闘を行なって亡くなった戦士は死後に〈楽しみをともなう〉という名の天 (Sarañjitā devā) の世界に生まれるという信仰をこの村長はいだいていたが、それは誤りである。かれに対しても同様の教えが説かれた。[30]また馬乗り (assāroha) である村長についても同様の教えが説かれている。[31]

これらの所説からみると、俳優、戦士、馬乗りなどは直接には経済的な価値を創造するものではないし、また心の修養に益するものでもないから、それらの職業の意義を認めようとしなかったらしい。ことに厖大な原始仏教聖典の中に戦士に関する記述が少ないのは注目すべきである。「敗れて生きるよりは戦場に死する方が勝れている」[32]というのは、当時の戦士の意識の反映であろうが、これは例外的である。王族の中には仏教に帰依したものもいたが、その下に使われている戦士たち〔――それは種々になるカーストの出身者であり得た――〕が仏教と縁が薄かったということは、インド文化史における重要な事実である。

仏教が定めた職業に関する制限は、バラモン教や叙事詩の場合[33]と比べてみて、その原則に関してはいちじるしく簡単となっている。呪術的・慣習的な要素を除去していて、特殊な民族にのみ固有なタブーというものは認められない。ここにも仏教が普遍的な宗教としてひろがり得たゆえんを見出すことができる。

（1）西洋における「行為による救いの確信」の思想については、マックス・ウェーバー、梶山訳『プロテスタンチズムの倫理と資本主義の精神』五二ページ参照。cf. R. H. Tawney : *Religion and the Rise of Capitalism*. pp. 96f.; 198f. 林恵海教授「独逸に於ける宗教社会学の一指向について」雑誌『宗教研究』新第八巻、第二号、一三八ページ参照。
（2）*Jātaka*, VI, p. 201, v. 124. p. 205, v.150.
（3）*Jātaka*, VI, p. 208, v. 151.
（4）*Jātaka*, VI, p. 213, v. 177.
（5）『バウダーヤナ法典』一・五・九・一。
（6）同上、一・五・九・三。Max Weber : Hinduismus und Buddhismus, op. cit. II, S. 110.
（7）kasī vanijjā iṇadānaṃ uñchācariyāya luddhaka——etehi darāṃ posehi, mā pāpaṃ akarā punanti (*Jātaka*, VI, p. 422, v. 29) .
（8）*Jātaka*, IV, p. 422G.
（9）パーリの註解による。
（10）payojaye dhammikaṃ so vanijjaṃ. *Sn.* 404.
（11）『雑阿含経』第四巻（大正蔵、二巻二三中—下）、『雑阿含経』第四八巻（大正蔵、二巻三五三中）。AN. IV, p. 281. ある場合には「田を耕し、商売し、沢地に牧を置く」ことを奨励している。（『善生経』I、大正蔵、一巻七二中）。
（12）kasi.
（13）vanijjā.

（14）iṇadāna.
（15）uñchācariyāya luddhaka.
（16）*Jātaka*, IV, p. 422.
（17）gorakkha.
（18）issattha.
（19）rājaporisa.
（20）AN. IV, p. 281 ; 322. AN. IV, p. 281.『雑阿含経』第四巻（大正蔵、二巻二三中）にもほぼ同文で出ている。
（21）satta.
（22）AN. III, p. 208 dujja, *Jātaka*, III, p. 47G.「正しい商売」（*Sn*. 404）を説明するに当たっても、この五つ（武器の売買、生きものの売買、肉の売買、酒の売買、毒の売買）を除いたものであるという。一つの異本によると、武器の売買を挙げないで、その代わりに人間の売買を挙げている（*Pj*. I, p. 379)。こういう職業は『マヌ法典』（四・八四―八五）でも汚れたものと考えられていた。
（23）Puṇṇikā.
（24）*Therag*. 204-242.
（25）pāpakammin. 屠殺や肉の売買、死刑の執行は悪と考えられた（*Jātaka*, VI, p. 111 G.)。
（26）*Jātaka*, V, p. 270, v. 60f. また羊を殺す職業の者を非難している（*Divyāv*. p. 10.『根本説一切有部毘奈耶皮革事』巻上、大正蔵、二三巻一〇五〇中）。他方仏教僧は猟師に嫌われた。「われはいまこの不吉なる禿頭の修行者（śramaṇaka）を見た」という。猟師は弓でかれを射ようとしたが、かれの柔和の相に打たれて信仰心を起こしたという。
（27）luddakakammato apanetvā. *Jātaka*, III, p. 51.
（28）かかる見解は、その後、伝統的保守的仏教にはそのまま継承されている。

「何をか不律儀の者（＝制戒を守らぬ者）と名づくる。いわく、もろもろの屠羊・屠鶏・屠猪・捕鳥・捕魚・獺獣・却盗・魁膾・典獄・縛竜・煮狗、及び罝弶等なり。『等』という言は、王と刑伐（＝刑罰）を典《つかさど》るものと、および余の聴察・断罪等の人を類顕す。ただ、恒に、害心有るを不律儀の者と名づく。役の一類は、不律儀に住し、あるいは不律儀を有するによりて、不律儀の者と名づくるなり。〔そのうち〕屠羊と言うは、いわく、活命（＝生活のために）、尽寿を要期して（＝一生涯をめざして）、恒に、羊を害せんと欲するものなり。余は所応に随いて、まさに知るべし、亦爾なり」（玄奘訳『倶舎論』第一五巻四丁右）

　ここでは生きものを殺す職業がすべて悪と見なされているので、それからの論理的帰結の一つとして、国王という職務は罪悪であると主張しているのである。「職務にあるもろもろの王は刑罰を下すものであるから、ここでは明言されてはいないけれども、制戒（律儀）を守らぬ者と見なされるべきである」と註解者は説明している（*AKV*. pp. 384-385)。

（29）　SN. IV, p. 306f.
（30）　SN. IV, pp. 308-310.
（31）　SN. IV, pp. 310-311.
（32）　*Therag*. 194.
（33）　拙著『宗教と社会倫理』第二章参照。

六　資本蓄積の問題に関する要約

　以上の検討によってわれわれは、原始仏教において経済倫理あるいは経済行為に関する倫理的反省が述べられていることを知り得た。そうしてそれが、その立論のしかたにおいて、ウェーバーなどの指摘した資本主義の精神[1]と多分に類似点を有することは否定できない。

ここでことわっておくが、いまここで「資本主義的精神」というのは、ウェーバーが使用したような意味における成語としてである。それは、必ずしも巨大な数量の生産手段を少数者が独占的に所有し、そうしてその事を是認し正当視し、そのほうが生産能率をあげるために効果的であると主張するような思想を指していうのではない。そうではなくて、現世のうちにおける禁欲的な精励努力によって、当面の目標としての資本の蓄積と、それの生産への回転とをめざすような思想傾向をいうのである。

それでは、ここに見出された経済倫理は近代西洋における禁欲的なプロテスタンチズムのそれと、どういう点で相違があるのであろうか。

ウェーバーは近代西洋にあらわれた資本主義の精神の倫理的性格を指摘したあとで、「『資本主義』はシナ・インド・バビロンにも、古代にも中世にも存在していた。しかしこれらの資本主義は、右に述べた特殊の倫理的性格を欠如していたのである[2]」という。しかしわれわれが以上に指摘したように、原始仏教における経済行為の反省も充分に宗教倫理的性格をそなえていたと見なければならぬ。

なるほど一方はインド宗教の地盤の上に成立したものであり、他方はキリスト教の伝統を受けつつ起こったものであるから、宗教の相違にもとづく精神構造の差違は、どこまでも拭い消すことができない。ことに西洋においては絶対者としての神は人間から断絶しているが、仏教においては絶対者（＝仏）は人間の内に存し、いな、人間そのものなのである。こういう差違についてはさらに綿密な検討が必要である。

しかしながら、宗教上の教理は別として、単に職業における精励、及びその宗教的な有意義性という見地だけから考察するならば、両者の説き方のあいだに本質的な相違は存在しないように思われる。それにもかかわらず、インドではついに近代資本主義は成立しなかった。そこでわれわれはどうしても、近代資本主義の成立のためには、宗教的な職業倫理説は不可欠の要素であり、ある意味では本質的または主動的なものであるということを承認するけれども、単にそれのみを唯一の原因としているのではないといわねばならぬ。単に宗教的な職業倫理説のほかに、あるxという条件が加わっていなければならぬ。

しからばそのxという付加的な、しかし実はきわめて重要な条件はいったい何であろうか。それを検討しなければならぬ。その条件となっているものは、ただ一つではなくて、おそらく複合的なものであろう。

ここで問題とすべきは、宗教教理の全体系のうちにおける禁欲的職業倫理のありかた、または位置づけの相違ということである。原始仏教は善行の実践よりも、超世俗的な解脱の境地を上においているように見受けられる。

ある修行者がもろもろの汚れから解脱し得なかったので、かれは「わが父母の家はきわめて大いに富楽にして、多く銭財あり。われいまむしろ戒を捨て道行を罷め、布施してもろもろの福業を修めんと欲すべきか」と思った。これに対して世尊は他心智をもってかれの心を知り、かれを慙愧《ざんき》せしめ指導して解脱を得させたという。ここでは物質的な寄与奉仕よりも宗教的な解脱を重んじたわけである。[3]だから物質的な助けを与えるよりも、精神的な慰めを与えるほうがよりすぐれていると考えられることになる。[4]ここにまた原始仏教がバラモン教に対して反呪術性を標榜しながらも、しかも別の意味において呪術性を潜入させることになったきっかけが認められるのである。

だから職業に専心精励することをすすめ、それが宗教的意義のあるものであることを説きながら、原始仏教ではその上に、あるいはその背後に出家者の生活を認めたために、職業生活の宗教的意義の主張が弱められたようである。[5]もちろん前に指摘したように、在家者でも究極の境地に到着し得ると説いていることもあるが、しかし全体としては出家者を中心とした教えである。ここにわれわれは近代資本主義の宗教的倫理との差違の一つを見出し得るし、また後代になって大乗仏教、あるいは近代のヒンドゥー教が従来の宗教の超世俗性を批判しつつ独自の論理を展開せねばならなかった理由を認め得るのである。

しかし中世的な宗教的思惟がなお残存支配している若干の近代西洋諸国においてもやはり資本主義活動が行なわれていることを考えるならば、右の区別を指摘するだけではなお不十分である。われわれはそのほかに他の諸原因をも見出さなければならない。そのうちでもっとも重要な原因となったものは、筆者の考えるところでは、インド人一般に顕著な、対象的自然界からの疎外的態度であろうと思う。[6]対象的客観的自然世界の秩序を合理的に把捉しようとしない思惟態度は、自然科学を十分に発展させないし、したがって技術の合理的使用への意欲を起こさせない。

ここには人間の使用する機械の発展改良ということもあらわれない。その結果として生産様式は何千年にわたってほとんど変化することがない。西暦紀元前何千年の昔と推定されるインダス文明遺跡に発見される農具と、今日インド農民が一般に使用している農具とのあいだに、はたしてどれだけの相違が存するであろうか。このような基盤においては、機械文明とともに発展した近代的資本主義が、現実の問題として近世インドにおいて成立し得なかったのは、当然であろう。

近代的資本主義の未成立という事実を説明するために、その当該民族の思惟方法ないし思惟態度のいかんに理由をもとめようとする研究方法は、十分に意義のあるものである。このことは、われわれも承認するにやぶさかでない。しかし合理的な禁欲的職業倫理思想の有無にのみその原因を求めることは、決して唯一の解決法ではない（もっともこのことは、ウェーバー自身もある程度まで承認していることであるが）。

また経済行為に関する仏教のこのような思想は、それが適当な指導をうけて発展するならば、今後の世界に大きな意味をもつであろう。そこには特定のドグマが存在せず、また選民意識も存在しないから、普遍的なものとして経済活動に精神的基盤を与えることが可能である。このような精神的原理が客観的自然界に対するはたらきの中にどのように生かされるかということは、今後当面する大きな問題である。

（1）　とくに資本主義的精神（die kapitalistische Gesinnung）の問題はウェーバーの『資本主義の精神とプロテスタンチズムの倫理』のほかにかれの経済史（*Wirtschaftsgeschichte*, S. 300f）でも概括的に論ぜられている。

（2）　マックス・ウェーバー、梶山訳『プロテスタンチズムの倫理と資本主義の精神』六一ページ。

（3）『中阿含経』第二九巻（大正蔵、一巻六一二）。
（4）財施よりも法施を重んじた（例えば AN. I, p. 91f）。
（5）この点で西洋近世初期の資本主義倫理は、世俗性を徹底している（Tawney : *Religion and the Rise of Capitalism*〔Mentor Book〕. New York. 1947, p. 203）。
（6）この問題については『東洋人の思惟方法』第一巻に論じておいたが、なおさらに深く検討する必要がある。

七　雇用主と労務者との倫理

現実の企業においては、雇用主が労務者を使用するというかたちで経営が行なわれている。その場合の倫理をどのように考えるべきであろうか？

インドの叙事詩においても、「召使いの群れは自分の影である」と説いているが、仏教では雇用主と労務者との関係を相互的な義務の関係として捉えた。

当時資産家はアイラカ（ayiraka）とよばれていた。それは紳士、旦那、などということばのもつ意味合いも含めていたと考えられる。資本家というとあまりに近代的な響きをもつが、部分的には対応する。漢訳では「大夫」「大家」などと訳しているが、ほぼ対応するものなのであろう。いまここで経済的視点から言えば、使用者・雇用主である。

ところで、使用者と使用人とのあいだにも相互の義務がある。主人は次の五つのしかたで[1]奴僕・用人に「奉仕しなければならぬ」という。すなわち「（1）その能力に応じて仕事をあてがう。

（2）食物と給料とを給与する。（3）病時に看病する。（4）すばらしい珍味の食物をわかち与える。（5）適当なときに休息させる[2]」。

註解者ブッダゴーサ[3]によると、

（1）「その能力に応じて仕事をあてがう」とは、「若者のすべきことを老人にはさせず、老人のすべきことを若者にはさせず、女のすべきことを男にはさせず、男のすべきことを女にはさせず、それぞれの力に応じて仕事をあてがう」のである。

ここでは労務を適当に配分すべきことを説いている。例えば未成年の少年少女に過重の労役を課するということは、どこの国でも古来行なわれて来たことであった。これを戒めているのである。老人や婦女の労役に対するいたわりということも大切である。

（2）「食料と給料とを給与する」とは、「『この男は少年である』『この男は独身者である』というふうに、その人に適当な程度を顧慮して、食物を与え、費用を与える」という。つまり年齢差や家族手当の問題に相当することを述べているのである。仏教は一面では非常に現実的な面もあった。「生きとし生ける者は食をもととしている」ということは、仏典の中にしばしば説かれていることである。食物の問題の解決が生活の基礎となることを見抜いているのである。

（3）「病時に看病する」とは、「健康でない時には、仕事をさせないで、快適な物品・薬品などを与えて看病すること」である。

（4）「すばらしい珍味の食物をわかち与える」とは、「珍しい甘味を得たならば、自分では食べないでも、かれらのためにも、その中からわかち与えること」である。自分の使っている労務者のために、まず美味を与えるということはなかなかできないことである。しかしもしこれができたならば、使用者と労務者とのあいだの感情的な摩擦は起きないだろう。

（5）「適当なときに休息させる」とは、「常時または臨時に休息させることである。『常時に休息させる』とは、人々は一日中仕事をしているならば疲れてしまう。それゆえに、かれらが疲れないように、適当な時を知って休息させるのである。『臨時に休息させる』とは、六つの〔星の〕祭礼などに、装飾品・器・食物などを与えて休養させるのである」。人間は、はたらき通しでは本当に能率をあげることができない。どうしても適当な休養をとることが必要である。右の説明はパーリ語で書かれたとは思われないほど、まことになまなましいひびきがある。

漢訳の『六方礼経』では右に関係して注目すべき倫理を述べている。

「妄りにこれ（＝奴婢）をむちうつ（撾捶）ことを得ず」

「〔奴婢が〕財物を私すること有るも、これを奪うことを得ず」

古代シナでは一般に悪に対する報復は残酷できびしかった。そこでこのような温情主義が説かれたことは、驚くべきことである。

「これらに物を分付するには、平等ならしむべし」

これらは仏教の平等思想に由来するものであろう。

『善生子経』では、主人のかわりに「長子」として立てて、長子の道と、長子に対する道とを、他本におけるとほぼ同様に説いている。これも長子を重んじた当時のシナ社会の風習に従ったのであろう。

これに対して、奴僕・用人[4]は次の五つのしかたで主人を「愛さなければならぬ」という。すなわち「かれらは（1）〔主人よりも〕朝早く起きる。（2）のちに寝に就く。[5]（3）与えられたもののみを受ける。（4）その仕事をよくなす。（5）〔主人の〕名誉と称讃とを吹聴する[6]」。

およそ東西古今を通じて、「奴婢は主人に奉仕し、主人は奴婢を愛すべし」という道徳があまねく説かれているのに、原始仏教が強調したところの道徳はそれぞれに反対の徳目をあてがったのであった。すなわち身分の低い人々に対しても尊敬と愛情とをもって侍せよ、というのである。ここにわれわれは、原始仏教の崇高な宗教的精神のあらわれを認める。

（1）（2）「主人より朝早く起き、のちに寝る」ということは、労務者に余分の負担のようにも思われるが、起居を共にしている原始仏教時代の小企業においては、やはり必要な心がけであったし、これは使用者と労務者とが起居を共にしているような生活においてはやはり必要であろう。バラモン教のほうでは師の家に住んでいる弟子は師よりも前に起き、師よりものちに寝に就くべきであると定められているが[7]、それと同じことが主人と使用人との関係にもあてがわれているのである。

（3）「与えられたもののみを受ける」とは、ブッダゴーサ[8]によると、「何ものをも盗みによってとることなく、主人から与えられたもののみをとる」のである。この心がけは恐らくいつの時代においても必要なものであろう。

（4）「その仕事をよくなす」とは、「『この仕事をして何になるだろう。われわれは何ものをも得ないであろう』と考えて、心に満足し、ただ仕事が良くなされるようになすのである」。労務者の本質は仕事がよくできるということ、かれらのうで、である。ここに職人の誇りがある。そこにわれらは労務者・職人に対する尊敬を見出す。

（5）「〔主人の〕名誉と称讃とを吹聴する」とは、「衆会の中で、たまたま話が起こったときに、『われらの主人のような人がいるだろうか？　われわれは自分が奴僕であるということを知らないし、またかれらが主人であるということをも知らない。そのように、われわれを思いやってくれるのである』と言って、〔主人の〕徳をたたえる話をひろめる」のである。主人や使用者のかげ口を叩くということは実際によく行なわれることである。しかし使用者の保護を受けながらその悪口を言うということは、聞き苦しいことである。主人に対する道をまもるところに美しさを見出す。また雇用主と使用人との対立感がなくなったところが理想であると考えられていたことを示している。

右の教えを、後漢の時代のシナ人はまことに具象的に訳出している。

「早く起きよ。大夫（＝主人）をして〔起きよ、と〕呼ばしむることなかれ」

「大夫の物を愛惜せよ。〔やたらに〕乞匃人にすてあたう（棄捐）ことを得ず」

「大夫の出入には、これを送迎すべし」

「大夫の善を称誉せよ、その悪を説くを得ず」（『六方礼経』）

ところが『善生経』IIでは、奴僕・用人の道が拡張して説かれている。

「奴婢使臣はまさに九つの事をもって善く大家に奉《つか》うべし。なにをか九となす。一には随いて作業す。二には専心に作業す。三には一切を作業す。四には前に瞻侍をもってし、五には後に愛行をもってす。六には言は誠実をもってす。七には急時に遠離せず。八には他方に行く時は、すなわち〔主人を〕讃歎す。九には大家のねがうこと（庶幾）をほめたた（称）う。奴婢・用人はこの九つの事をもって善く大家に奉う」

また『善生子経』ではほぼ同様の「十の事」を説いている。これも恐らく西紀四世紀頃に西北インドか、中央アジアか、それともシナで拡張されたのであろう。ただ『善生子経』には「家貧しくなるも、あなど（慢）らず」という一項があるのは興味深い。

この主従の倫理は、インドないし近隣諸国の古代社会における主従関係についてのみ述べられているにすぎないが、その基本的な精神は、また近代的な工業・農業・商業の領域における雇用関係においても異なった意味において生かされるべきものがあるのであろう。仏教は、世界を変革するために、なんらかの機械的な公式にたよるということはない。どこまでも人間の積極的な善意に依存するのである。社会改革もそれにもとづいてのみ可能である、と最近代の南アジアの仏教徒も考えている。

（1）『善生経』IIでは、「大家はまさに五つの事をもって奴婢使人を愍念し給恤すべし」という。
（2）*DN*. III, p. 191.
（3）*Sv*. p. 956.
（4）「僮使」（『善生経』I）。
（5）『善生経』Iには代わりに「事をなすに周密」とある。
（6）*DN*. III, p. 191.
（7）*Gautama-dharmasūtra*, 21 (SBE. II, p. 188).

（8）　*Sv.* pp. 956-957.

〔付記〕　経済倫理に関しては律蔵・ジャータカをさらに詳しく精査する必要があるが、結論そのものとしては以上の所論の要点はおそらく変更されることはなかろうと思われる。また世俗人の経済倫理に関する限り、原始仏教といわゆる小乗仏教とのあいだに本質的な差違は存在しないように思われるので、本章では後者の資料を前者の補説として用いた。

第四章　仏教倫理と儒学思想

1　家族倫理と普遍倫理

さて、これまで紹介した親子・男女・主従などの関係倫理の徳目を、シンガーラという資産者(gahapati)の子に対する説法の中では、次のような形式でまとめている。

　　奉仕
父母 ⇄ 子
　　愛

　　奉仕
夫 ⇄ 妻
　　愛

奉仕
主人 ⇅ 奴僕
愛

それぞれの対当項のあいだの道徳的関係は、このように図式的に説かれているのである。

右のうち、夫妻相互の道徳および主従相互の道徳は、古来諸国において説かれている道徳と一見正反対である。原始仏教においてこのような説きかたをしたのは、旧来の倫理に対する改革的意図が含まれていたからであろう。

ところが、仏典を漢訳する人々にとっては、右の徳目をそのままシナに伝えることは、当時のシナの社会的通念がこれを許さなかった。そこでかれらはそれを正しく翻訳していることもあるが、時にはこれを儒学思想に従って改めて翻訳している。このことはすでに個別的に検討したことであるが、なおまとめてここで一括してみよう。「父母は子を視る」「夫は婦を視る」のであり、「婦は夫に事《つか》える」「妻は夫を恭敬する」といい、また「大夫は奴客婢使を視る」「主は僮使を教授する」のであり、他方「奴客婢使は大夫に事える」「奴客執事は長子を供養する」「僮使は其の主に奉事する」などという。

とくに妻が夫を「愛する」「あわれむ」とか、また奴婢が主人を「愛する」「あわれむ」という表現は、当時のシナ人にとっては好ましくないものであったらしい。漢訳者は全部原意とは異なった表現を用いている。また主人が奴婢に奉仕するということも、シナ人の身分倫理にとっては好ましくない表現であった。パーリ語原文からみると、やはり主人が召使いに「奉仕する」、召使いを「敬う」と訳さなければならないが、しかし階位的身分関係を重視するシナ人にとっては、「主人が召使いを敬う」などということは、とんでもない妄想であった。だから安世高と仏陀耶舎ならびに竺仏念とは、それを改めて翻訳している〔なお左表のうち最古の訳である安世高は、徹頭徹尾、儒学思想に従って改めて翻訳している〕。

広義の家族諸成員の道徳に関する仏教の思想はこのような性質のものであり、それは孝の道徳を中心とするシナの家族倫理とはいちじるしく性格を異にしている。このような性格はその後のインド仏教にも多分に保持されていた。したがって、仏教がシナに入った場合に、仏教では孝の道徳を説かないということが、主として儒学者の側から論難された。そこでシナの仏教者は、こ

後漢安世高訳『尸迦羅越六方礼経』	西晋支法度訳『善生子経』	後秦仏陀耶舎共竺仏念共訳『長阿含経』第一一巻「善生経」
子事父母	子……正敬正養正安父母	敬順父母
父母視子	父母……愛哀其子	父母……敬親其子（宋元明三本には敬視） 夫之敬妻 敬待於妻
婦事夫	夫……正敬正養正安其婦	
夫視婦	婦……事於夫	妻……恭敬於夫
大夫視奴客婢使	長子……正敬正養正安奴客執事	主於僮使…教授
奴客婢使事大夫	奴客執事…供養長子	僮使……奉事其主

の非難を防ぐために、仏教の経典を漢訳する場合に、ことさらに「孝」という訳語を使っている。しかしその場合にも、原典にはちょうどそれに対応する一定の原語が存するのではなく、漢訳者が欲するがままに適宜にこのような語を用いたのである。

しかし、このような糊塗的なしかたではなお不十分であった。そこでシナの仏教徒は儒者などの非難を免かれるために、窮余の策として、孝の道徳を説く経典を偽作したのである。このようにして『父母恩重経』などが作られた。『孝子経』や『父母恩難報経』も偽経かもしれない。そうしてこのような経典がシナでは非常に重要視され、多数の註釈書が作られた。日本でも同様に重要視され、しばしば講讃されたことは言うまでもない。

原始仏教においては、このように種々なる家族成員の関係に応じて具体的な徳を説いているが、それも結局は、自分の身に最も近いものから順次遠くにおよぼすという基本的な原則に従っているのであって、所詮「家族倫理」はこの普遍的な倫理の一局面なのである。

「つねに母と父とに対する務《つと》めを果たし、妻子の利益をはかり、家庭の内部の人々[1]とそれに従っている人々との両者のために恵み深く、戒をたもち、

先にみまかれる親族のために、また現在生存する人々[2]のために道の人・バラモン・神々のために〔利益をなして〕賢者は法にしたがって家に住まいつつ悦びを生じる。

かれは善き事をなして、尊敬され、称讃される。現世においては人々がかれを称讃し、死後には天界で楽しむ[3]」

「家に在るも智慧ある人は、多くの人々の利益をなす者である。昔なされたことを憶い起こし、

夜と昼とに飽かずして、法のごとくに母と父とおよび祖先[4]を尊敬供養する。

温雅なる人[5]は法を知り、信仰を堅くたもち、清らかな行を修する出家者に、敬って事える。

正しき理法によく安住する人は、王者の利益であり、神々の利益であり、親族・朋友の利益であり、一切の人々の利益である。ものおしみの垢をば除き去り、幸ある天に到る[6]」


これら徳目の列挙の場合には、父母・妻子に対するつとめをまず最初に挙げている。家族倫理は社会倫理の最初の出発点なのである。その点だけを取り上げれば、儒学思想も同じであった。

（1）　antojana.
（2）　jivatamと読む。
（3）　A.N. III, p. 78G.
（4）　pubbe.
（5）　pesala.
（6）　A.N. IV, p. 245G.

第五章　師弟の道——教育荒廃の中から省みる

いま、わが国では、教育の荒廃ということが大きな問題となっている。おそらく日本が世界中で最も教育が荒れ、ゆがんでいるのではなかろうか。極言すれば、日本にだけ教育の荒廃が見られるということになると、われわれの文明の伝統の根源に遡って考えてみる必要があるであろう。以下においては、原始仏教聖典において教育の問題をどう考えていたか、それを紹介することにしよう。

1　学問の習得

われわれは、人生においていかに生きて行くべきであるか、ということについて迷っているのであるが、いかに生きるべきかという道を知るためには、良き師につかねばならない。だから人は師を尊敬しなければならない、と原始仏教では考えていた〔当時の社会においては、「人生の師」とは宗教上の師を意味していたのである〕。

「ひとがもしも他人から習って理法を知るならば、その人を敬《うやま》うこと、あたかも神々がインドラ神（帝釈天）を敬うごとくになすべきである。学識の深いその〔師〕は、尊敬されれば、その人に対して心からよろこんで真理を顕示する。

思慮ある人は、そのことを了解し傾聴して、理法にしたがった教えを実践し、このような人に親しんで怠ることがないならば、識者・弁《わきま》え知る者・聡明な者となる(1)」

ところが世間には、いかがわしい教師も少なくない。これは今も昔も同じであったらしい。

「いまだことがらを理解せず、嫉妬心のあるくだらぬ人・愚者に親しみつかえるならば、ここで真理（理法）を弁え知ることなく、疑いを超えないで、死にいたる(2)」

ここで「嫉妬心のある」教師というのは、師が弟子に対して嫉妬心があり、弟子の成長発展に堪えられないことをいうのであると説明されている。とくに、宗教上の師、哲人となることをめざす人は悪い教師についてはならない。

「あたかも人が水多く流れの疾《はや》い河に入ったならば、かれは流れにはこばれ、流れに沿って去るようなものである(3)。

かれはどうして他人を渡すことができるであろうか。

それと同じく、真理（理法）を弁え知らず、学識の多い人に義を聞かないならば、みずから知らず、疑いを超えていない。

かれがどうして他人の心を動かす(4)ことができるであろうか(5)」

良い師は真に良い指導を与えてくれる人である。

「堅牢な船に乗って、橈《かい》と舵とを具えているならば、操縦法を知った巧みな経験者は、他の多くの人々をそれに乗せて渡すように、

それと同じく、ヴェーダに通じ[6]、自己を修養し、多く学び、動揺しない〔師〕[7]は、じつに〔みずから〕知っているので、

傾聴し侍[8]座しようという気持ちを起こした他の人々の心を[9]動かす[10]」

ここで「不動の性ある師」とは、利得、不利得、名声、不名声、賞讃、譏《そし》り、楽しみ、苦しみに動かされない人のことであるという。もしも指導者が確乎たる信念をもっているならば、このようなことに動揺しないはずである。

そこで真実の師につけ、ということを教えている。

「それゆえにじつに聡明にして学識の多い立派な人に親しめ。ものごとを知って実践しつつ、真理を理解した人は、安楽を得るであろう[11]」

では真実の師と見せかけの師とはどのような区別があるのであろうか。世界中の教師がみな、自分が真実の師であると称するかもしれない。ではどのようにして見きわめたらよいか。これについては何も教えられていないが、おそらく、釈尊のことばどおりに実践している人が真実の師である、と言うつもりだったのであろう。

ともかく師につくには、謙虚な心持ちをもっていなければならない。

「長上を敬い、嫉むな。もろもろの師にまみえるのに適当な時を知り、法に関する話を聞くのに

正しい時機を知れ。

みごとに説かれたことを謹んで聞け。

強情をなくし謙虚な態度で、時に応じて師のもとに行け[12]」

教えられて、自分の気づかぬことを知り、改めるということによって向上が起る。そのためには謙虚な心がけによって自分で反省しなければならない。内に偏執をもっていて師の教えを聞こうとしないならば、それは自らの向上の途をとざすことになる。先生のあらさがしをしてやろうという気持ちで、師に近づくならば、それは矛盾を含んだ行為である。原始仏教では、この点に気づいていたのであった（仏教で説く「無我」の心境が、学問や技術の習得には本質的に必要なものなのである、と考えられていたのである）。

では何を習うか、ということがつぎの問題であるが、修行僧の習う学問と世俗人の習う学問とは、はっきり区別されていた。修行者は世俗的な意味の学問を捨てるべきだと考えていた。「世間においては、もろもろの学問を学ぶ。世間におけるもろもろの束縛の絆《きずな》にほだされてはならない。もろもろの欲望を究めつくして、自己の安らぎを学ぶ[13]」

註釈（Mahā-niddesa）によると、「もろもろの学問」というのは、「象の学問、馬の学問、弓術、眼科、外科、内科、鬼魑を攘《はら》う術、小児科」をいう。

これに反して世俗の人々は、諸般の学問を習得するのである。ただ、とくにどういう種類の学問を学ぶべきかということは、説かれていないようである。

ある伝説によると、ある富家の父母は一人息子について考えた。――「われはまさにこの児に何等の技術を学ばしめて、われらの死後快く生活するを得、とぼしきことなからしめんや」と。そこで「書」を学ばせ、また「算類の技術」を学ばせ、つづいて「画像の技術」を学ばせようとした。しかし出家して仏教の修行僧となったならば、「〔この児は〕われわれの死後に快く生活することを得、乏しきところなく、身に疲れ苦しまず」と考えたことを記している。[14]また原始仏教聖典の中では、「世人は種々の技術（sippaṭṭhāna）によって生活する」[15]といって、「印算、算術、目算、耕作、商売、牧牛、弓術、王臣道、およびその他の技術（sippa）」を挙げている。その内容ははっきりわからぬが、ともかく技術が分化し発達していたのであろう。

ただ、世俗の人が仏教教養の学問を学んでいたかどうかは、原始仏教について見る限り不明である。しかし後代の記述によると、富裕な商人は一種の教養としてアビダルマ文献、つまり仏教の教義の学問を学んでいたようである。

ナーガセーナ長老がパータリプトラへおもむく途中で、パータリプトラの富商（seṭṭhi）に会った。かれは五百輌の車をひいて、パータリプトラへおもむく道を歩みつつあった。その富商がナーガセーナに「あなたは仏の教え（buddhavacana）を知っていますか?」と問うた。これに対してナーガセーナ長老は「わたしはアビダルマの語句を知っています（jānāmi Abhidhammapadāni）」といった。すると富商が「われらは真に幸福です。わたしもアビダルマ学習者（ābhidhammika）であり、あなたもアビダルマ学習者です。きみよ、アビダルマの語句を語りたまえ」と言った。そこでナーガセーナがアビダルマを説いて聞かせた。あとで富商は長さ一六肘、幅八肘（hattha）の高価な織物を進呈したという。[16]

ともかく学問や技術を重んじるということは、仏教においても人間にとって基本的に重要なことであると考えられていた。

「深い学識あり、技術を身につけ、身をつつしむことをよく学び、ことばがみごとであること、——これがこよなき幸せである[17]」

(1) *Sn*. 316-317.
(2) *Sn*. 318.
(3) *Pj*. ad *Sn*. 318.
(4) nijjhapetum.『原始仏教の成立』七〇八ページ参照。
(5) *Sn*. 319-320.
(6) 「ヴェーダに通ずる」とは覚の知識を得るというほどの意味である。『原始仏教の思想』I、五〇ページ以下参照。
(7) avedhammā. *Pj* により解す。cf. *Sn*. 268.
(8) 「侍座」は原文では upanisā となっているが、これは「ウパニシャッド」という語の原義である。
(9) 注 (4) 参照。
(10) *Sn*. 321-322.
(11) *Sn*. 323.
(12) *Sn*. 325-326.
(13) *Sn*. 940.
(14) 『四分律』第三四巻（大正蔵、二二巻八〇八上）。
(15) muddā, gaṇanā, saṅkhāna……*MN*. I, p. 85.
(16) *Milindapañha*, p. 17.

（17）*Sn.* 261.

2　師に対して

師に対する尊敬については、すでにウパニシャッド[1]において「師を神として敬え」と説かれ、後代のインドでも有名な句となっているが、仏教はこれを受けているのである。『シンガーラへの教え』によると、弟子はつぎの五つのしかたで師に奉仕すべきである。すなわち、「（1）座席から立って礼をする。（2）近くに侍する。（3）熱心に聞こうとする。[2]（4）給仕する。（5）うやうやしい態度で学芸を受ける[3]」

（1）「座席から立って礼をする」ということを、ブッダゴーサ[4]は説明して、「弟子は、師が遠くから来るのを見たならば、座席から立って迎えて、喜びのゆえに、器をとって、座席をしつらえて坐せしめて、煽ぎ、足を洗い、油を塗ることをなさねばならぬ」という。

叙事詩にも相似た教えが説かれている。

「師が食べないうちには、食べてはならない。師が飲まないうちには、飲んではならない。また師が坐らないうちには、坐ってはならない。師が眠らないうちは、眠ってはならない[5]」

（2）「近くに侍する」とはブッダゴーサによると[6]、「日に三度、近くに侍りに行く。技術を習得するときには必ずおもむかねばならぬ」。これは今日のことばに直せば、授業に規則正しく出席すること、および教えを受ける人が師を訪ねることに相当する。

（3）「熱心に聞こうとする」とは、「信じて聞く」ことである。「信じないで聞く人は、進んだ境地にいたることがない」。教師に対する信頼が必要である。教師のことばを一句も聞きのがすまいと傾聴する心がけは、いかなる時代においても必要であったのであろう。

（4）「給仕する」とは、「残りの些細な給仕の行」である。「弟子は師より早く起きて、うがいの水、楊子をささげて、食事時には飲料水をもって来て、挨拶などをして礼拝して行くべきである。汚れた衣などを洗わなければならぬ。夕方には湯浴みの水を用意すべきである。師の〔身心の〕不快な時には給仕すべきである。出家者もまた〔師に対しては〕弟子としてなすべき行ないをすべてなさねばならぬ」。

（5）「うやうやしい態度で学芸を受ける」とは、「わずかのことを受け習ってもたびたびくりかえし学習する。ひとつの語でも正しく〔誤りなく〕受けたもたなければならない」。すなわち正しく覚えることと反復練習ということが必要なのである。そのためには謹んで受けるという心がまえが必要である。

ここに説かれているこれらの徳目は、永久の妥当性を有するものであろうか。すでに昔のインドにおいても、弟子が師の家に住み込んで直接に師から学問や技術を習っていた塾の場合と、何エーカーもあるナーランダーの巨大な大学の場合とでは、師弟関係も異なっていたにちがいない。ましてや近代社会となれば、当然違った師弟関係があらねばならぬと考えられる。

うやうやしい態度で師に侍するということは、近代的な大きな教育機関では次第に消失しつつある。何百人と入る大教室で、スピーカーを通して講義を聞くとすれば、師弟の関係がうといものとなるのは当然であろう。

師に対して「座席から立って礼をする」ということについては、すでにバラモン教のほうでも、ヴェーダ学生は、師から話しかけられたときには座席から立って答えよ、と規定されている。(7) そうしてその規定が『マヌ法典』(8)にも継承され、インドでは今日なお行なわれている。こういう礼儀は仏教以前から行なわれていたと考えられる。ウパニシャッド(9)においても、「われらよりも勝れたバラモンがそこにいるならば、なんじはかれらに席を与えることによって、かれらを休養せしむべし」という。

世俗人が宗教家に対して尊敬と礼儀とをもって対すべきであるという教えは、のちに論ずることにするが、これとの連関において考えるべきことである。

しかし「立って礼をする」ということは、例えばアメリカでは行なわれていない。インド人の学者や学生は、アメリカの学生が無作法だといって非難する。「机に腰かけたり、チューインガムをなすりつけたり、なっちゃいないよ。おれの国ではそんなことはしない」という。そこで仏典のこの規定はアメリカ人の学生には奇妙に映じるだろうと思い、筆者はかつてアメリカ人の学生に右の個所を説明するとき、「これは顕著にインド的な習慣だ」といったところが、教場にいた年輩の学生が手をあげて、「そうではありません。自分は先年イタリアで勉強したことがあるが、イタリアでは学生は教師の前で立つ」という。だからインドや日本だけの習慣ではないのである〔またアメリカでも少人数のグループのときには、会衆が立って迎えることもある〕。

ではアメリカが尖端的かというと、必ずしもそうではない。イギリスのある若い学者が日本の大学教授を非難していった、「日本では教授が外国へ出張するために、旅券の手つづきなどに若い人を使う。イギリスではそんなことをしない」と。しかし、筆者が実際に見たところでは、アメリカでも教授が家の引越し人夫代わりに若い学者を使ったりする。狭い土地に住んでいて懇意な間柄だとそういうことになる。まさに右の仏典に出てくる「近くに侍すること」に相当するのである。

だから師に対して尊敬をもって侍するということは、もしも師弟の間柄が緊密であれば、どこの国でもなんらかのかたちで現われてくるし、その間柄が大量教育のために拡散してくると、尊敬とか近侍ということはゼロに近くなる。そうしてゼロに近くなるということは、機械文明においてさえ決して望ましいことではないらしい。アメリカの中程度の大きさの大学の学生が、何万人という大量教育の大学を目して、「おお、マス・プロダクション！　おお、マス・プロダクション！」といって笑っていたのを思い出す。大量生産の本家本元でも、人間の大量生産はどうも望ましくないらしい。

こういうことを考えてみると、右の仏典の記載は、少なくともその根本の精神に関しては、やはりいかなる時代の人間関係についても適合する永遠の真理を伝えているということができるであろう。

「熱心に聞こうとすること」(sussūsā)という徳は近年仏教徒のあいだで一つの問題を起こした。これに関してイギリスの仏教学者リス・デヴィッズはいう。(10)

「チルダース（イギリスのパーリ語学者）はこの語を『服従』(obedience)と訳している。しかしこれはまったく誤っている。ヨーロッパの独裁国家および宗教教団において服従ということに異常に重要な意義が付与されていることを考えると、仏教倫理において服従ということが現われていないことは、きわめて注目すべきである。仏教教団の〔男性僧侶のための〕二二七の規則のいずれにも服従ということはあげられていない。仏教信徒のこの倫理綱要のいずれの条項にも説かれていないし、また八正道のどの部分にも、阿羅漢の三七の徳（三十七道品）のどの部分にも含められていない。それゆえに、仏教教団のなんぴとも服従の誓いを立てることがない。そうして仏教信徒の誓戒は、それを無視している。これが仏教が成功した理由の一つだったのであろうか。仏教は服従よりもさらにかなたのことを考えるのである(11)」

たしかに、〈熱心に聞こうとすること〉と〈服従〉とは同じではない。熱心に教えを聞こうとする態度が第一義的なものであり、服従は、それに附随しておのずから出てくる態度なのである。

リス・デヴィッズのこの議論を敷衍して、ミャンマーの仏教徒たちは主張する。

「もしも服従ということが、単に規則づくめの組織に固執するということだけを意味するならば、仏教は確かに服従よりもかなたのことを考えている。すでに道を入るということだけが任意になされることであり、それを絶えず求めるということも任意になされることである。宇宙にゆきわたる道徳法に服従するということが、仏教のうちに含めて意味されている。しかし規制は人がおのずからかれ自身で行なうものであり、修行は内から命じられるものであって、外的な代理者によって課せられるものではない。……正と邪とを弁別し、自分の行為に附随する善悪をよく理解させるための教示を与えられると、人はいずれの道を選ぶべきか、自由に選択することを任される。

それでは弟子の宗教上の師に対する関係には、服従の要素は存在しないのであるか？ たしかに存在する。しかし弟子は師に対する尊敬と愛情とのゆえに、また自分の福利をも考えて、自発的に服従するのであって、教師がそれを要求するからではない。仏教の師は、駆り立てる人（driver）ではなくて、案内者（guide）である。師が弟子から服従を受けるのは、人間としての自分に対してではなくて、かれの教えが反映させている普遍的な法に対してである。それらのあいだを結ぶ精神的なひもは、弟子の『学ぼうとする熱意』なのである」

この主張は、たしかに仏教の立場を忠実に表明しているということができるであろう。〈無我〉の理想が学問修得に生かされると、おのずからこのような態度が出て来ると言えるのであろう。『六方礼経』ではさらに、師を理想化することは弟子のみちであるとして、「まさにその恩を念ずべし」「まさに〔師の〕後よりこれを称誉すべし」という。

教団の発展とともに師と弟子とのあいだの行動様式は細かに規定されるに至ったが、[12] 世俗人のあいだではそれほどやかましく論じられなかったようである。

わが国の旧幕時代には弟子の礼として「三尺下がって師の影を踏まず」ということが教えられた。シナの儒学の古典にはないそうであるが、バラモン教のほうで、『マヌ法典』（四・一三〇）では、家長としての時期にあるバラモンは「神々〔の像〕・師（guru）・王者・沐浴行者・教師（ācārya）・赤褐色の動物および天啓祭の予修式の修行に入った人の影を故意に踏んではならぬ」という。註解によると、意図しないで踏んだ場合には過《とが》はないという。[13] これが仏教の中に継承されたシナの南山道宣は「師に対する規定」（事師法）を五一カ条規定し、その中で「もし師に随

い行かば、喧しく笑うことを得ず。師の影を踰《ふ》むを得ず、相去ること七尺なるべし」という。(14)

おそらくこういう敬虔な気持が、世俗の師弟のあいだの関係のうちに生かされて、わが国では「三尺下がって師の影を踏まず」という格言が成立したのであろう。

現代のように、人が種々の通路によって、種々多くの人々から教えを受けるというような世の中になると、〈師〉とみなされる人も多様となるが、師に対する気持ちだけは、常に一貫したものがあるはずである。

(1) *Tait. Up*. I, 11, 1. *Manu*. II, 228 : IV, 154.
(2) これを漢訳では「師の教勅あらば、敬順して違うことなし」(『善生経』I)、「教えらるるところ、これに随う」(『六方礼経』)という。
(3) *DN*. III, p. 189.
(4) *Sv*. p. 954.
(5) *MBh*. XIII, 242, 21.
(6) *Sv*. p. 954.
(7) *Gautama*, II, 25 (SBE. vol. II, p. 189).
(8) *Manu*. II, 119-121.
(9) *Tait. Up*. I . 11, 2.
(10) T. W. Rhys Davids, 1848-1923.
(11) *Dialogues of the Buddha*, part III, p. 181.
(12) 例えば『大比丘三千威儀』上巻(大正蔵、二四巻九一七下―九一八上)、『大愛道比丘尼経』上巻(同、九四八下)。

(13) "kāmata" ity abhidhānād abuddhipūrvake na dosaḥ. Kullūka, ad *Manu.* IV, 130.

(14) 道宣『教誡新学比丘行護律儀』(大正蔵、四五巻八六九下)。

3 弟子に対して

これまで、弟子の師に対する徳目を述べてきた。では、師はどのようなしかたで人々を導くべきであるか？

「粗暴なることなく(asāhasa) きまりにしたがって公正な(sama) しかたで他人を導く人は、正義を守る人であり、道を実践する人であり、聡明な人であるといわれる[1]」

人を導くにあたっても法をまもるというしかたでなさねばならない。

(1) 暴力に訴えてはならない。教師が弟子をなぐったりするのは良くないと考えられていたのである。総じてインドや南アジア諸国の上層の人々のあいだでは、手を出してなぐるということは、特に悪いことだと考えられている。

(2) 師も弟子も、ともに人間関係における正当なありかたに従わねばならない。教師だからといって弟子に対して勝手なことをしてはならぬのである。

さらに『シンガーラへの教え』によると、師は次の五つのしかたで弟子を愛する。

すなわち「(1) よく訓育し指導する。(2) よく習得したことを受持させる〔=忘れないようにさせる[2]〕。(3) すべての学芸の知識を説明する。(4) 友人朋輩のあいだにかれのことを吹聴する。(5) 諸方において庇護してやる」。

(1)「よく訓育し指導する」とは、註解者ブッダゴーサ(3)によると、『なんじはこのように坐るべきである。このように立つべきである。このように嚙むべきである。このように食べるべきである。悪友を避けなければならない。善友に親しまなければならない』と、このように行ないを教えて訓育する」のである。
(2)「よく習得したことを受持させる」とは、「よく習得したことを受持するように、意義と文句とを純正にたもって、実用のしかたを示して、受けたもたせる、ということである」。これは弟子の最後の心がまえとして挙げられたものに対応する。
(3) 直接の註解はないが、後に「技能を習得した人はどの方向に行っても自分の技能を示すならば、かれは利益と尊敬とを受けることができる」というから、技術を重んじていたのである。
(4)「友人朋輩のあいだにかれのことを吹聴する」とは、「『これはわれらの弟子であるが、傑出していて、学識多く、わたくしにも等しい。このように見なしてください』といって、かれの長所を語って、友人朋輩のあいだに吹聴するのである」。こういう意味の師からの庇護は、今日のみならず昔も必要であったらしい。弟子が世にデビューするためには、どうしても師なり先輩なりの推薦がなければならない。師とか先輩とか言われる人自身がそのような推薦を受けて世に出て来たのであるから、後輩をひき立てることは、また義務でなければならない。
(5)「諸方において庇護してやる」ということを、ブッダゴーサは非常に長く説明している。「技能を教えることによって、一切の方角においてかれを護ってやる。技能を習得した人は、どの方向に行っても、自分の技能を示すならば、そこでかれは利益と尊敬とを受けることができる。

しかし、それは実は師によってつくり出されたものなのである。大衆はかれの美徳を語って、師〔である〕かれの両足を洗って、『この方《かた》は実に〔あの大先生のもとで〕弟子として住まわれたのです』といって、まず、師自身の美徳を語る。梵天世界にも等しいほどの利益がかれに生じても、それは師に帰属するものなのである」。つまり、ある特定の師に就学したということが知られていると、その師の名声・評判が他の諸地方でも弟子を護ってくれるというのである。

ブッダゴーサはまた別の解釈をも示している、「さらにまたこの弟子が呪文を語るならば、森の中を歩いて行っても盗賊もかれを見ないし、人間でないもの（鬼神など）も蚊などもかれを悩まさない。だから教えてくれる人々はかれをもろもろの方角において護ってくれるのである」。

「あるいはまた、かれがどの地方に行っても、望みを起こして自分のもとに近づいた人たちに『この方向にわれらの弟子が住んでいる。かれとわたくしとでは、この技能に関しては区別は存在しない。そちらへ行って、かれに尋ねなさい』といって、このように弟子を推奨して、かれに利益と尊敬が起こるようにさせて、庇護してやる。すなわち支持してやる、という意味である(4)」。

これは今日学界や芸術界で行なわれていることと、本質的には異なっていない。

漢訳には、右に挙げた五つの事柄とは別に、「速やかに教う」ということも説いている(5)。

さらに『六方礼経』の中には注目すべき文句がある。

「〔師は、自分の弟子をして〕他人の弟子に勝たしむべし」

ここでは競争の原則が承認されている。正当な競争は、やがて進歩を生み出す母であろう。また、

「弟子の智慧をして師よりも勝れしめんと欲す」

弟子は教師から教え授けられたことを、ただ受けたもっているだけではいけない。教え授けられたことにもとづいて、それを発展させ、師をのりこえて進まなければならない。そうじて東洋の学問や芸術は伝承的保守的で、師の教えをただ遵守する傾向が強いように思われている。しかしそれに反して、ここに競争と進歩の原則が表明されていることは、充分に注目すべきである。右の教えは諸本のうちで『六方礼経』のうちにのみ見られるが、後漢末のシナにこのような傾向が現われていたのであろうか。学問や芸術を進歩させるということは、人々のためになり人々を益することになるのであるから、このような態度を奨励したのは当然のことであろう。

これに類した師の心がけとして『善生子経』には、「芸を極めてこれを教う」とある。短い文句であるが、意味するところは深い。教師自身が不断の勉強をして「芸を極め」なければならないのである。(6)

(1) *Dhp*. p. 257.
(2) 「欲令知不忘」(『六方礼経』大正蔵、一巻二五一中)。
(3) *Sv*. p. 954.
(4) *Sv*. p. 955.
(5) 『六方礼経』『善生経』II。
(6) なお右の諸項を述べたあとで、『善生子経』では「古聖の制法を得たるものにして、弟子は謙たり、師は仁をもって教え、士大夫は益を望み、善は衰えず」という。これはシナ人の伝統的な師弟観を述べているのであろう。

第六章　友人・共同生活の倫理

1　友人とは？

この世で何が貴いか、といっても、互いに心をゆるした友人ほど大切なものはないであろう。仏教では「良い友人」のことを「善知識」すなわち「自分を良く知ってくれる人」と呼んでいる（高僧のことを「善知識」と呼ぶようになったのは、後代の日本における転訛である）。原始仏教の聖典を見ると、友人はいかにあるべきか、という問題はかなり詳しく述べられている。

友人のあいだの道としては、積極的な徳が要請されている。

まず人と人とのあいだでは信頼が要請される。「信頼は最上の知己である」[1]。そうして他人に対しては父母親族がなしてくれるよりも以上の善（seyyas）をなすべきである[2]。

他人の指導に関しても積極的態度が要請される。「〔他人を〕訓誡すべし、教えさとせ。よろしくないことから〔他人を〕遠ざけよ」(3)という。

そうして友人としては善い人、道徳的に正しい人と交際すべきである。修行者が善き友を選ぶべきであるのと同様に(4)、世俗人も同じこころがけをもたねばならぬ。

「悪い人々を愛し、善い人々を愛することなく、悪人のならいを楽しむ。――これは破滅への門である(5)」

他方、善い友人とつき合うことは(6)、成功・繁栄のための一つの条件とみなされた(7)。善人の影響が諸方に及ぶことをも強調している(8)。

友人の倫理は「恥」(hiri)の教えに関連して説かれていることがある(9)。

「恥じることを忘れ、また嫌って、『われは〔なんじの〕友である』といいながら、しかもなしうる仕事を引き受けない人、――かれを『この人は〔わが〕友にあらず』と知るべきである。もろもろの友人に対して、実行がともなわないのにことばだけ気に入ることを言う人は、『いうだけで実行しない人』であると、賢者は知りぬいている(10)」

ここでは友人に対して誠実に、責任感をもってつとめを実行すべきことを説いているのである。

そうして、真実の友情は何ものによっても害《そこ》なわれ得ないものであると主張する。

「つねに注意して友誼《ゆうぎ》の破れることを懸念して、〔うまいことをいい、〕ただ友の欠点のみを見る人は、友ではない。子が母の胸にたよるように、その人にたよって、他人のためにそのあいだを裂かれることのない人こそ、友である(11)」

友人の欠点のみ見て、楽しんでいる人がいるが、それはそのグループに属する自分自身を卑少にし、心を暗くすることになる。友人の長所のみを見よ。自分はなんとすぐれた人々にとり巻かれていることだろうと思って、生きることが楽しくなる。

日本人は古来、客人を厚くもてなすということで知られている。

原始仏教の聖典によると、個人的な交際に関しては適当に人をもてなすことも必要である。すでにウパニシャッド[12]において、「客人を神として敬え」と説かれているし、また叙事詩[13]では、「博学にしてヴェーダに通じている苦行者たちを客人として、家長はつねに尊重しもてなすべし」というが、原始仏教はこの思想を受けて言う。

「他人の家に行っては美食をもてなされながら、客として来た時には、返礼としてもてなすことのない人、――かれを卑しい人であると知れ[14]」

当時、客をもてなすということは、インド一般に尊ばれていたことであるらしい。荘園の領主でもあった、ある大バラモンは言う。

「われらの村地にやって来た修行者やバラモンたちは、すべてわれらの客である。ところで客(atithi)は、これを敬い、重んじ、尊び、尊敬し、崇めなければならない[15]」

このバラモンは、宗教者のみについて尊敬し厚遇すべきことを説いているのであるが、仏教では、単に宗教家だけを厚遇するのではなくて、一般に客人を厚遇することに拡張して考えたようである。そうしてバラモンや修行者を供養するという習俗は、仏教では出家修行僧を供養するという習俗となって後代までつづいたのである。

（1）　*Dhp*. 204.

(2) *Dhp*. 43.
(3) *Dhp*. 77.
(4) 『原始仏教の成立』一四九―一五七ページ。
(5) *Sn*. 94.
(6) kalyāṇamittatā.
(7) *SN*. IV, p. 232.『雑阿含経』第四巻（大正蔵、二巻二三中）。
(8) *Dhp*. 54.
(9) *Sn*. 253-254. 同様の趣旨の詩句は、「恥の過去物語」Hiri-jātaka, *Jātaka*, No. 363, vol. III, p. 196)、『別訳雑阿含経』第二二経（大正蔵、二巻四五三上以下）にも相似た内容で伝えられている。
(10) *Sn*. 253-254.
(11) *Sn*. 255.
(12) *Tait. Up*. I, 11, 2.
(13) 「ヴェーダの学問と警戒とに沈潜し、博学にして、ヴェーダに精通していて、自己の法に生き、自らを制し、行ないのそなわった苦行者たちは、客人として、献供を受くべき神々または祖霊として、つねに尊敬されもてなされるべきである」。*MBh*. XII, 243. 9. cf. *MBh*. XIII, 126, 27. *Manu*. III, 115-118.
(14) *Sn*. 128.
(15) *DN*. I, p. 117 ; I, p. 133.

2　友人の徳の体系化

やがて、友人関係に関する教えが体系化して説かれるようになった。『シンガーラへの教え』に説かれているところによると、友人関係については、良家の子（kulaputta）は次の五つのしかたで友人・朋輩に奉仕する。

すなわち、

「(1)施与(布施)と、

(2)親しみあるやさしいことば(愛語)と、

(3)ひとのためにつくすこと(利行)と、

(4)協同すること(同事)と、

(5)欺かないことによってである」

最初の四つは、後に説明する社会人として守らねばならぬ四つの徳(四摂事、人々を包容する四つの態度)が、ここにとり入れられているのである。

(5)「欺かない」とは、ブッダゴーサによると、[1]「人に向かって名を列挙して欺くことなしに、すなわち『これもわれわれの家にあります。これもあります。取って行きなさい』と言って、欺くことなしに与える」ということであるという。

『善生子経』には、右の個所に「心を正してこれ(友人)を敬す」という文があるが、おそらくシナの礼儀の観念の影響であろう。

しかし『六方礼経』はかなり異なって次のように言う。

「人が親属(族)朋友を視るには五つの事あるべし。一つにはこれ(=友人)が罪悪をなすを見なば、ひそか(私)にかくれたるところ(屏処)に往いて、これを諫め暁し呵り止む。二つには小なりとも急なることあらば、奔り趣いてこれを放護すべし。三つにはひそか(私)にわれに語ることあるも、他人に説くを得ず。四つには相い敬い歎うべし。五つには所有の好物を、多かれ少なかれ、これを分与すべし」

ここの一節は、おそらくシナ人が漢訳のさいに付加したものであろうが、今日でも人を使う場合には充分に心を傾けねばならぬことなのである。

また、友人・朋輩は次の五つのしかたで良家の子を愛する。すなわち、

「(1) かれが無気力なときに、守ってくれる。

(2) 無気力なときに、その財産を守ってくれる。

(3) 恐れおののいているときに、庇護者となってくれる。

(4) 逆境に陥っても、かれを捨てない。

(5) かれののちの子孫 (pajā) をも尊重する[2]」

最初の二つは、具体的には〔漢訳からも知られるが〕酩酊したときに、介抱してくれ、持物や貴重品を失わないように守ってくれることをいうのである。

(5)「かれののちの子孫をも尊重する」ということについて、ブッダゴーサはいう。[3]

「ここで『子孫』とは同輩の子女のことである。また、かれらの子女と孫・曽孫も『のちの子孫』と呼ばれる。かれらを尊重し、愛し、わがものと見なし、慶事などのときにはかれらのために祝福をなす」

パーリ本では「良家の子」と「その朋友・同輩」、『善生子経』では「友」と「朋」とのあいだでつくすべき義務をそれぞれ五つずつ説いているのに、『善生経』IIでは「親友」と「親友の臣」

との関係として説いている。ここにもシナ的な階位的な身分関係の観念がつよく現われている。

経典は似《に》て非なる友人と真実の友人とを区別して、まず詩として伝えていたが、のちに散文において敷衍するに至った。古くは詩句のうちに、

「(1)　なんでも取ってゆく友、
(2)　ことばだけの友、
(3)　甘言を語る友、
(4)　遊蕩の仲間、
これらの四つは敵である、と知って、
賢者はかれらを遠ざけよかし。
——あたかも恐ろしい道を避けるように[4]」

と説いていたが、右の詩を解釈して言う。

「次の四つは敵であって、見せかけの友にすぎない、と知るべきである」。それは何かというと、(1)「なんでも取って行く人」、(2)「ことばだけの人」、(3)「甘言を語る人」、(4)「遊蕩の仲間」である。

「(1)『なんでも取って行く人』は、次の四つのしかたによって、敵であって、見せかけの友にすぎない、と知るべきである。かれは、

(a) なんでも〔品物を択ばずに〕取って行く[5]。
(b) わずかの物を与えて多くの物を得ようと願う。

(c)ただ恐怖のために義務をなす。
(d)〔自分の〕利益のために奉仕する[6]」
ところで、「ただ恐怖のために義務をなす」というのは、ブッダゴーサによると、「つねに仕事をしないのであるが、恐怖が起こったときになし、愛情をもってなすのではない[7]」ということである。

「(2)『ことばだけの人』は、次の四つのしかたによって、敵であって、見せかけの友にすぎない、と知るべきである。かれは、
(a)過去のことに関して友情をよそおい、
(b)未来のことに関して友情をよそおい、
(c)利益のことを言って取りいり、
(d)なすべきことが眼前に迫ると、都合が悪いということを示す[8]」
最後のものは、たとえば「『わたくしは車が入用である』と言うと、『その車の輪が壊れている。軸が壊れている』などと言い逃れること」である[9]。

「(3)『甘言を語る人』は、次の四つのしかたによって、敵であって、見せかけの友にすぎない、と知るべきである。かれは、
(a)相手の悪事に同意し、
(b)善事に同意しない。
(c)その人の面前では讃美し、

(d)その背後ではその人をそしる[10]」

ブッダゴーサによると、「相手の悪事に同意する」とは「殺生などに関して『なにかこんなことがしたい』と言うと、『友よ、よろしい。やろうよ』と言って同意することである」という[11]。

「(4)『遊蕩の仲間』は、次の四つのしかたによって、敵であって、見せかけの友にすぎない、と知るべきである。かれは、

(a)もろもろの酒類など怠惰の原因に耽るときの仲間である。

(b)時ならぬのに街路をぶらつき廻るときの仲間である。

(c)〔祭礼舞踏などの〕集会に入りこむときの仲間である。

(d)賭博など遊惰なことがらに耽るときの仲間である[12]」

ブッダゴーサは(a)を説明して言う。「『これこれのところで人々が酒を飲んでいる。そら行け。そこへ行こうよ』と言われたときに、『よろしい』と言って行くことである[13]」と。

あまりにも今日的な情景ではないか。

〔『善生経』II には(c)は「悪知識(＝悪友)に親近せしむ」ということであるとしている。『善生子経』には「邪教の友」として、「殺生」「盗窃」「淫邪」「欺詐」をなすことを勧める人としている〕。

次に、真実の友人とは何かということを次の詩句の中で説明する、――

「(1)助けてくれる友と、

(2)苦しいときにも楽しいときにも友である友と、

（3）　ためを思って話してくれる友と、
（4）　同情してくれる友と、――
実にこれらの四種が友である、と知って、聡明な人は、真心こめてかれらに尽せよかし。――あたかも母がおのが子をいつくしむがごとく[14]」

右の詩を敷衍していう、――「これら四種は、親友（心からの友）であると知るべきである」。「（1）『助けてくれる友[15]』は、次の四つのしかたによって、親友であると知るべきである。かれは、
(a)友が無気力なときに、守ってくれる。
(b)友が無気力なときに、その財産を守ってくれる。
(c)友が恐れおののいているときに、その庇護者となってくれる。
(d)なすべきことが起こったときに、必要とする二倍の財を給してくれる[16]」
ここで、(a)「友が無気力なときに、守ってくれる」ということを、ブッダゴーサ[17]は説明する。「途中で酒を飲んで、村の中、村の入口、または道路の上にぶったおれたのを見て、『誰かが下着と上衣をもって行くかもしれない』と思って、たおれた人のために、かれの近くに坐っていて、かれが酔いから覚めたときに、かれを連れて行く」

これは酔っぱらった友人にたいする思いやりとでも言うべきものであろう。
(d)「なすべきことが起こったときに、必要とする二倍の財を給してくれる」とは、ブッダゴーサによると、

「なすべきことが起こったときに、友が自分の近くに来たのを見ていう、

『なぜきみはここへ来たのだい？』

『王の家に仕事があるのだよ』

『どれだけ貰えるのだい？』

『一両さ（eko kahāpano）』

『町の仕事はね、一両じゃすまぬ。二両貰え』

そう言って、どれだけ貰えるか話してやる。そういうわけで二倍を与えることになる[18]」

収入になる仕事を知らせてやるということは、今日でも友人のあいだでよく行なわれていることであるが、学僧ブッダゴーサがとりあげているのは面白い。出家者でも大学僧ともなれば、世間の酸いも甘いもよく知っていたのであろう。

「（2）『苦しいときにも楽しいときにも友である友[19]』は、次の四つのしかたによって、親友であると知るべきである。その友は、
(a) かれ（相手）に秘密を告げてくれる。
(b) かれの秘密を守ってくれる[20]。
(c) 困窮に陥ったときにも、かれを捨てない。
(d) かれのためには生命をも棄てる[21]」
「（3）『ためを思って話してくれる友』は、次の四つのしかたによって、親友であると知るべきである。かれは、

(a)悪を防止し、
(b)善に入らしめ、
(c)いまだ聞かないこと[22]を聞かせてくれ、
(d)天に至る道を説いてくれる」
「(4)『同情してくれる友[23]』は、次の四つのしかたによって、親友であると知るべきである。かれは、
(a)その人の衰微を喜ばない。
(b)その人の繁栄を喜び、
(c)他の人がかれをそしるのを弁護してくれ、
(d)他の人がその人を称讃するのを説きひろめる」
(c)「他の人がかれをそしるのを弁護してくれ」るとは、ブッダゴーサによると[24]、
「他の人が、

『あの男はどうも醜いし、愛想はよくないし、生まれは悪いし、品行も悪い』

と言ったときに、

『そう言うな。かれは端麗だし、愛想もよいし、生まれもよいし、品行方正だ』

などと言って、他人が自分の友人をけなして言うのを防いでくれるのである」

『善生経』IIには、四種の敵および友のいちいちについて四つずつ説明があり、またいちいち韻文による説明も加えられている。その内容は他の諸本と大差ないが、諸項目の順序は他の諸本と

一致しない。いちいちの部分が相応していないので、対照することも困難であり、省略する。

『六方礼経』は、他の諸本のように組織的には説かないで、良い友人（善知識）と悪い友人（悪知識）の実例を四つずつ一組にして、いく組も説いている。その内容は他の諸本とあまり変わらないが、ときにははなはだ特徴的な説を見受ける。

たとえば、良い友人は、人が「吏に捕えられんとするや、それを蔵匿せんとす」。また、「友人が死ぬと、棺におさめられるのを視てやり、その家のことを念うてやる」。

反対に悪友とつき合ってはならない。

「悪友に熱中するならば、次の六つのあやまちが生ずる。すなわち、

（1）ばくち打ち、

（2）乱行者、

（3）飲んだくれ、

（4）いかさま師、

（5）詐欺漢、

（6）乱暴者、

——これらはかれの友人であり、かれの仲間であるということになる」(25)

『善生経』Iは、かなりちがったあやまちを教えている。

「一には方便もて欺くことを生ず。

二には好んでかくれたところ（屛処）を喜ぶ。

三には他の人を誘う。

四には他の人のものを〔奪わんと〕図謀《はか》る。

五には財利にみずから向かう。

六には好んで他人の過ちをあばく」

『善生子経』には「小人を習い、鄙語を習う」というシナ的な表現がある。

そのほか、悪友とのつき合いに熱中してはならぬ、ということについては、すでに説明した。

仏教における友情論は、このように自他の対立感を離れた不二の境地を実現すること（〈無我〉の理想）に由来するものであるということが言えるであろう。

（1） *Sv.* p. 956.
（2） *DN.* III, p. 190.
（3） *Sv.* p. 956.
（4） *DN.* III, p. 186G.
（5） ただし『善生経』Iには「一つには先に与え、後に奪う」と記している。
（6） *DN.* III, pp. 185-186.
（7） *Sv.* p. 949.
（8） ただし『善生経』Iには「小過あるを見てすなわちこれに杖を加うる」とある。
（9） *Sv.* p. 949.

(10)『善生経』Ⅰには「難《かた》きこと有らば捨離す」という文が付加されている。
(11) *Sv*. p. 949.
(12) *DN*. III, p. 186.
(13) *Sv*. p. 949.
(14) *DN*. III, p. 188G.
(15)「利益」(『善生経』Ⅰ)、「饒益」(『善生経』Ⅱ)、「与本業之友」(『善生子経』)。
(16)『善生経』Ⅰには「ひそか(屏)に相い教誡す」、『善生経』Ⅱには「常にかれを愍念す」。
(17) *Sv*. p. 949.
(18) *Sv*. p. 950.
(19)「同事」(『善生経』Ⅰ)、「同苦楽」(『善生経』Ⅱ)、「同苦楽之友」(『善生子経』)。
(20)『善生経』Ⅰには、代わりに「かれのために財宝を惜しまず」とある。
(21)「止非」(『善生経』Ⅰ)、「求利」(『善生経』Ⅱ)、「利相摂之友」(『善生子経』)。
(22)『善生経』Ⅰには、代わりに「慈心愍念」とある。
(23)「慈愍」(『善生経』Ⅰ)、「求利」(『善生経』Ⅱ)、「仁愍傷之友」(『善生子経』)。
(24) *Sv*. p. 951.
(25) *DN*. III, p. 183.

3　団体の共同活動

人が積極的な活動を展開する場合には、人々は単に友人として交際するばかりでなくて、一定の共通の目的のために団体を結成する必要がある。団体を結成した場合には、その成員たちのあいだでは単に友人であるという以上の関係が成立する。かれらのあいだで共同活動を成立させるためには、友人たちのあいだにおける以上の何らかの徳を必要とする。

共同生活においては、人々を温く包容する態度がなければならぬ。仏教ではそのために必要な徳が四つあるとして、これを〈四つの包容の態度〉(cattāri saṃgaha-vatthūni)とよんだ〔漢訳仏典ではこれを「四《し》摂《しょう》事《じ》」などと記している〕。一つの団体を結成して行動するためには、各成員がそれぞれ他の人々を温く包容するのでなければならない。俗な表現をするならば「四つの親切」といってもよいであろう。その成員たちのあいだでは互いに助け合う関係がなければならない。すなわち他人と協同するためには、特に親和的協調的な態度が必要である。そこで一つの社会の成員として守らねばならぬ四つの徳があるというのである。その四つとは、「施与」(布施)と「親愛なることば」(愛語)と「人のためにつくすこと」(利行)と「協力すること」(同事)とである。

「もろもろ[1]の修行僧らよ。包容の態度(saṃgaha-vatthu)とはこれらの四つである。それらの四つとは何であるか?

(1)施与(布施)と、

(2)親愛なることば(愛語)と、

(3)人のためにつくすこと(利行)と、

(4)協力すること(同事[2])と、

これらが四つの包容の態度である[3]」

親愛(Ardhamāgadhī:pejja=Pali:peyya)というのはジャイナ教聖典では憎しみ(dosa=

dveṣa）に対するものと考えられていた。[4] こういう一般の見解に従って「愛情あることば」を意味しているのである。ただしジャイナ教では、もろもろの表現に関する限り、「親愛」は捨てられるべきものと考えていたのに、反対に仏教ではそれを強調しているのである。

（1）施与（dāna）。他の人に何ものかを与えるのである。与える物は物質的なものであっても、精神的なものであってもよい。

（2）親愛なることば（peyyavajja）。親しみあるやさしいことばである。他人にはやさしいことばをかけなければならない。

（3）人のためにつくすこと（atthacariyā）。他人のために利益をはかることである。「ためになること」は原語でアッタ（attha）というが、それは「利」と訳されるとともに、また「義」とも訳される。すなわち「利益」であるとともに、また「正しさ」である。それは英語で善（good）といえば道徳上の意味であるが、それがまた財（goods）に転じ得る関係に似ている。「正しさ」から利が生ずるのである。

（4）協同すること（samānattatā）。これは協同活動であり、「あれこれの法にかなった事柄について適当に協同すること」[5] とも説明されている。「あれこれの法にかなった事柄について」(dhammesu) という制限がついているから、単に協力する、協同するということだけではなくて、人間としての理法にかなった事柄でなければ協力してはならない、すなわち団体の悪事まで共にするというのであってはならないと考えていたのであろう。

この四つによって人々を包容することができるのである。[6] これは多くの人をまとめるための中心的な徳であって、「あたかも回転する車輪の轄《くさび》のごとくである」(7)とたたえられている〔わが国においても道元は、この四つが人間関係を円滑にはこばせるための基本的な徳であると考えていた〕(8)。

こういう社会倫理をジャイナ教では説いていないようである。ジャイナ教の説く世俗人の倫理は宗教的であり、これに対して仏教のそれは社会的であったと一般にいわれている。

そうしてこの〈四つの包容の態度〉は「皆な福あることなし」とゴーサーラのような異端的思想家が批評したとアビダルマの教義学者たちは伝えている(9)。それは必ずしも歴史的事実を伝えているのではないかもしれないけれども、少なくとも社会的に何事かをなそうとする仏教の立場は、宿命論者のゴーサーラとは截然と対立するものであった。

「団体」とか「社会」という話を原始仏教では用いていない。しかしここでは、ばらばらの個人を摂しまとめる (saṃgaha) ことを問題としているのである。それは明らかに団体生活をめざしているのだと考えねばならない。

社会というと近代人は共同社会と利益社会との区別を思い浮かべる。たしかに概念としては両者は別のものであるが、現実に存する多数の団体や社会においては両者を明確に区別することが困難であり、少なくとも原始仏教ではその必要を考えていなかった。だから右の〈四つの包容の態度〉はまた、親が子に対してまもるべき倫理であるともされているのである。すなわちもとは四つの包容の態度が、前に紹介したような簡単なかたちで説かれていただけであったが、後になると、それに付加して親が子に対してこういう温かな心持ちをもつべきであると説くようになった。

「(1)　施与と、

(2)　親愛なることばと、

(3)　この世で人のためにつくすことと、

(4)　あれこれのことがらについて適当に協力すること、――

これらが世の中における包容である。あたかも回転する車の轄のごとくである。

もしも右の四つの包容を行なわないならば、

母も父も、母たり父たるがゆえに子から受けるべき尊敬も扶養も得られないであろう。[10]

もろもろの賢者はこれらの包容をよく観察するがゆえに、

かれらは偉大となり、称讃されるにいたるのである」

これはつまり、親は子に対して愛情をもって包容することが必要であると説いているわけであるが、それをまた反面から解すると、つまり親が子に対するような愛情のこもった態度を団体生活の原理としたわけであって、団体生活というものは理想としては共同体的なものでありたいと考えているのである。こういう見解は現代においてもけっして消失していない。日本やアジア諸国において、仏教的理念を標榜している団体や利益社会に共同体的性格が強いのはそのためであろう〔西洋人が驚いて見つめているわが国の〈会社〉はその適例であろう〕。

仏典の中ではこれについて物語[11]がのべられている。

ハッタカ[12]という長者は五百人の在俗信者（ウパーサカ）を連れて、釈尊のいますところへやって来た。

そこで釈尊は、

「なんじの仲間は多勢である。なんじはいかにしてこの多くの仲間を統率するのか？」

とたずねたのに対して、ハッタカは答えた。

「尊師はかつてこの四つの包容の態度を説かれましたが、わたくしはそれによってこの多くの仲間を統率するのです[13]」

と。そしてこの四つの各々によって人々を包容する次第を述べたあとで、

「またわたくしの家には財産がございます。もしもわたくしが貧窮であったならば、〔人々は〕そのように聞き従ってはくれますまい」

というと、釈尊は、

「そのとおりだ。これが多くの仲間を統率する要諦だ」

といって称讃したという。

この場合「仲間[14]」(parisā) とは一人の指導者を中心とした集団をいうのである。「わたくしにお金があるから人々が集まって来るのだ」というあたりは、多分に利益社会的な性格をも示している。

以上においては明らかに世俗人の倫理として説かれているが、ある場合には出家修行僧の徳目として説かれていることがある[15]。

「一時仏は舎衛 (sāvatthī) 国に在り、行いて祇樹給孤独園に在りき。仏はすなわち比丘〔ら〕

に告ぐ、——四施は人を同心となす。(16) いずれをか四となす？　一は布施となし、二は相愛となし、三は利となし、四は同利となす。第一に説く布施はいずれをかなす？　無極の布施は法〔の布施〕に過ぎず（＝法の布施にしかず）。第二の相愛は、数々経を聞き、また意を聞くに過ぎず。第三の利は不信なるものを信ぜしめ、人の止《ただ》戒を持せざる者を数えて戒を持せしめ、学せざる者を学せしめ、慳なる者をして布施せしめ、愚者を黠ならしめ、牽いて正道に入らしむるに過ぎず。第四は同利なり。極なる同利は阿羅漢に過ぐるもの有ることなし。阿那含、斯陀含、須陀洹もしかり。持戒者も同利なり。従後説施す」

「親しみあることば」（愛語）を「相愛」と訳しているのは面白い。単に口先だけでやさしいことをいうのではなくて、お互いに心の底から愛しあうことが必要であると考えていたのであろう。しかしこの経典で、「親しみのあることば」すなわち「相愛」とは経典を学習することであるというのは、いかにももってまわってこじつけた解釈である。これは後代の学問僧が考え出したことにちがいない。

ともかく社会的活動を遂行するためには、他人に対する〈包容的態度〉が必要である。これを、いまから二千五百年も前に人々が強調していたのは、興味深いことであると思う。

（1）　AN. II, p. 32.『雑阿含経』第二六巻（大正蔵、二巻一八五上）、『集異門足論』九巻（大正蔵、二六巻四〇三中）。

（2）　玄奘などは「同事」と訳すが、前掲『雑阿含経』の文句および後出『七処三観経』では「同利」と訳している。

(3) 以上はAN. II, p. 248にも出ている。
(4) W. Schubring : *Die Lehre der Jainas* (Berlin und Leipzig : 1935), S. 184, 186.
(5) samānattatā dhammesu, AN. II, p. 32.
(6) AN. II, p. 32.『中阿含経』第三三巻『善生経』(大正蔵、一巻六四一下)、『雑阿含経』第二六巻(大正蔵、二巻一八五上)。
(7) 同様の句として「これらは世の中で人々を包容するものである。回転する車の轄のごとく。……賢者はこれらの包容のことがらを観察するがゆえに、偉大なるものを獲得し、かれ自身は称讃されるのである」(AN. II, p. 32G.)。
(8)『正法眼蔵』菩提薩埵四摂法。
(9)『阿毘達磨発智論』第二〇巻(大正蔵、二六巻一〇二七下)。
(10)『集異門足論』では「かくのごとき四摂事が世間にもしなくんば、子はその父母において、また孝養をなすを欲せざらむ」と訳している。
(11) AN. V, pp. 218-220.『中阿含経』第九巻「手長者経」(大正蔵、一巻四八二下―四八四中)。
(12) Hatthaka Āḷavaka.
(13) Yān, imāni Bhagavatā desitāni cattāri saṃgahavatthūni, tenāhaṃ imaṃ mahatiṃ parisaṃ saṃgaṇhāmi (p. 219).「我以レ此摂二於大衆一」。
(14) 漢訳では「大衆」と訳している。
(15)『七処三観経』(大正蔵、二巻八七七上)。
(16) 安世高の特殊な訳法である。四つなら四つでまとめられる法数を示すのに、その最初に来る項目を示す。ここでは布施が最初に来るから、施を挙げてcattāri saṃgahavatthūniのことを「四施」というのである。

あとがき

中村元先生が一九九六（平成八）年一二月二六日、神田明神会館で行なわれた財団法人東方研究会の忘年会の席で、感慨深げに、やや天井を見つめながら、

「あっという間に一年が過ぎようとしています。越後の歌人良寛に、

形見とて　なに遺すらん　春は花　夏ほととぎす　秋はもみじ葉

という歌があります。私の場合には、なにを遺すか、というと、なにも遺さなかったかもしれないが、一つだけ、人さまに言えることがあります。

それは東方研究会のことですね。他の学問をしている方々とは違っていて、われわれの祖先に伝えられている麗しい純な気持ちを皆さんが伝えている。この美しい精神を遺していらっしゃるから、私の場合は、この遺偈に通ずるものがあるように思います。……」（筆者の当日の録音テープから。）

と挨拶された姿が今も眼前に浮かぶ。

私たちの祖先に伝えられている美しい精神を伝える媒体となっている東方研究会は、先生が、その後半生を傾注し、私財を投じ、昭和四五年一一月に文部省より、「東洋思想の研究およびその成果の普及」を目的に、財団法人設立の認可を受け、人類のために遺された遺産である。

この大事な遺産をお預かりしてから、早いもので、六年の歳月がいつしか流れ、今年の一〇月一〇日には、先生の七回忌を迎える。

二〇〇三（平成一五）年初頭、東方研究会の運営委員会で、先生の七回忌を記念して何をなすべきかを検討した。その時に、最晩年の中村先生に近侍していた堀内伸二主事から、次のような話が披露された。

『決定版中村元選集』全四〇巻（春秋社）の完成も間近のころ、先生に今後どのような著作の出版を構想されているかをお訊ねしたところ、先生の遺作となった『論理の構造』二巻（青土社、二〇〇〇）の他に、先生はぜひ「倫理」をまとめたいとおっしゃっておられた、というのである。

そこで本願寺維持財団から発行されていた雑誌『あすあすあす』に、先生が連載されていた「構造倫理講座」こそが、七回忌の記念出版にふさわしいのではないかということになった。幸いなことにというべきか、この連載は未刊のままに残されていた。

先生の「構造倫理講座」の連載は、一九八一（昭和五六）年五月号『あすあすあす』（第八〇巻）から開始され、それ以来一九九六年三月号『あすあすあす』（第二五八巻）にいたるまで、なんと一五年間、一七八回の長きにわたって、毎月、書き続けられた（その間の休載は、一九八三（昭和五八）年一月号（第一〇〇巻）、一九八四年九月号（第一二〇巻）、一九八九年一〇月号

（第一八一巻）の、わずか三回であった）。

先生が連載を完結された一九九六年といえば、ちょうど先生ご自身が「一九九六年から九七年にかけて種々の病気をして、病院通いをしたために、思うように研究が進めることができなかった」（『論理の構造』上巻「はしがき」）と述懐しておられる時期であり、先生が先ほどの「ご遺言」ともいうべきものを、感慨深げに語られた年でもある。

仄聞するところによれば、先生は一九九六年三月二五日、医師でもある奥様から前立腺癌であることをお聞きになったそうである。先生は一五年間にわたる連載を終えられ、書き遺すべきものは書き終えたという感慨があったのではなかろうか。

先生が書き遺すべきものと考えておられたもの、それは「われわれの祖先に伝えられている麗しい純な気持ち」、「この美しい精神」であったのではなかろうか。

そしてそれこそ、別の言葉で言えば、本書『〈東洋〉の倫理――構造倫理講座Ⅰ』の冒頭を飾る言葉、「慈悲」ではなかったかと思われる。

先生のお墓は東京の多磨墓地にあり、そこには「ブッダのことば」と題して、次のような墓碑銘が刻まれている。


一切の生きとし生けるものは、幸福であれ、安穏であれ、安楽であれ。

一切の生きとし生けるものは、幸せであれ。

何びとも他人を欺いてはならない。
たといどこにあっても他人を軽んじてはならない。
互いに他人に苦痛を与えることを望んではならない。
この慈しみの心づかいを、しっかりとたもて。

これは、先生が邦訳された仏教聖典『スッタニパータ』からの一節で、奥様の筆になるものである。しかも一九九五年の先生の誕生日に発願され、一九九七年の奥様の誕生日に完成したという。その墓碑の前に、なかよく並んでカメラに収まっておられるご夫妻の写真が、筆者の手許にある。

「怨念」と「我執」が渦巻き、テロの恐怖におののくこの時代に、若年のころから最晩年に至るまで仏教の説く「慈悲」の精神を大切にし、また実践してこられた先生の七回忌を記念して、この「慈悲の倫理学」ともいうべき「構造倫理講座」全三巻が刊行され、世の読者に広く提供され、先生の高邁な精神と理想が伝えられるのは、格別に意義深いことと思われる。

本講座のシリーズの刊行にさいし、欠本の提供などを含め多大なご協力をいただいた本願寺維持財団理事長大谷暢順猊下のご芳情と、出版の労をお執りいただいた春秋社社長神田明氏、ならびに編集部の佐藤清靖氏、江坂祐輔氏のご尽力に、深く感謝申し上げる。

さらに中村先生の遺産である東方研究会の研究員の方々、とくにこの企画編集に中心的役割を演じてこられた堀内伸二主事と、難しい原稿の整理をまとめられた服部育郎研究員の名を逸することはできない。これら多くの方々に衷心よりの謝意を表する。

平成一七年四月二一日

東方学院長
財団法人東方研究会常務理事
前田　專學

著者略歴

1912年　島根県松江市に生まれる。
1936年　東京大学文学部印度哲学科卒。
1943年　文学博士。
1954年　東京大学教授。
1970年　財団法人東方研究会設立。
1973年　東方学院設立、東方学院長。東京大学名誉教授。
1977年　文化勲章受章。
1984年　勲一等瑞宝章受章。
1999年　逝去。

著書に、『中村元選集〔決定版〕』全40巻、『構造倫理講座』全3巻（春秋社）、『論理の構造』全2巻（青土社）、『初期ヴェーダーンタ哲学史』全5巻（岩波書店）、『佛教語大辞典』全3巻（東京書籍）、ほか多数。

〈東洋〉の倫理――構造倫理講座Ⅰ

二〇〇五年　七月二〇日　初　版第一刷発行
二〇二一年一二月二〇日　新装版第一刷発行

著　者　中村　元
編　者　財団法人東方研究会
発行者　神田　明
発行所　株式会社春秋社
東京都千代田区外神田二－一八－六（〒一〇一－〇〇二一）
電話〇三－三二五五－九六一一　振替〇〇一八〇－六－二四八六一
https://www.shunjusha.co.jp/
印刷所　萩原印刷株式会社
装　丁　美柑和俊
定価はカバー等に表示してあります

◆構造倫理講座〈全三巻〉　中村　元

〈東洋〉の倫理
構造倫理講座Ⅰ

仏典に説かれた教えから、親の恩や子への義務、望ましい夫婦関係、経済活動における倫理、親友悪友の条件など、インド・中国世俗社会の人間関係での倫理構造を明らかにする。

二九七〇円

〈生きる道〉の倫理
構造倫理講座Ⅱ

数ある仏典のなかから選りすぐりの名言に、苦と苦の原因と苦を感じる心、そして苦の中での生き方を語らせる。仏教的生の倫理構造を明らかにする「仏教概論」。

二九七〇円

〈生命〉の倫理
構造倫理講座Ⅲ

生命とは何であるか？　何のためにあるのか？　インド哲学と西洋哲学の両面から生命の倫理構造を探究し、魂、身体、個人と生命の関係をもって〈いのち〉の尊さを提示する。

二九七〇円

▼価格は税込（10％）

決定版　中村元選集　全32巻別巻8巻

第1巻　インド人の思惟方法　東洋人の思惟方法Ⅰ
第2巻　シナ人の思惟方法　東洋人の思惟方法Ⅱ
第3巻　日本人の思惟方法　東洋人の思惟方法Ⅲ
第4巻　チベット人・韓国人の思惟方法
　　　　東洋人の思惟方法Ⅳ
第5巻　インド史Ⅰ
第6巻　インド史Ⅱ
第7巻　インド史Ⅲ
第8巻　ヴェーダの思想
第9巻　ウパニシャッドの思想
第10巻　思想の自由とジャイナ教
第11巻　ゴータマ・ブッダⅠ　原始仏教Ⅰ
第12巻　ゴータマ・ブッダⅡ　原始仏教Ⅱ
第13巻　仏弟子の生涯　原始仏教Ⅲ
第14巻　原始仏教の成立　原始仏教Ⅳ
第15巻　原始仏教の思想Ⅰ　原始仏教Ⅴ
第16巻　原始仏教の思想Ⅱ　原始仏教Ⅵ
第17巻　原始仏教の生活倫理　原始仏教Ⅶ
第18巻　原始仏教の社会思想　原始仏教Ⅷ
第19巻　インドと西洋の思想交流
第20巻　原始仏教から大乗仏教へ　大乗仏教Ⅰ
第21巻　大乗仏教の思想　大乗仏教Ⅱ
第22巻　空の論理　大乗仏教Ⅲ
第23巻　仏教美術に生きる理想　大乗仏教Ⅳ

第24巻　ヨーガとサーンキヤの思想
　　　　インド六派哲学Ⅰ
第25巻　ニヤーヤとヴァイシェーシカの思想
　　　　インド六派哲学Ⅱ
第26巻　ミーマーンサーと文法学の思想
　　　　インド六派哲学Ⅲ
第27巻　ヴェーダーンタ思想の展開
　　　　インド六派哲学Ⅳ
第28巻　インドの哲学体系Ⅰ　『全哲学綱要』訳註Ⅰ
第29巻　インドの哲学体系Ⅱ　『全哲学綱要』訳註Ⅱ
第30巻　ヒンドゥー教と叙事詩
第31巻　近代インドの思想
第32巻　現代インドの思想

別巻　世界思想史　全4巻
1　古代思想
2　普遍思想
3　中世思想
4　近代思想

別巻　日本の思想　全4巻
5　東西文化の交流
6　聖徳太子
7　近世日本の批判的精神
8　日本宗教の近代性